세계 사회적 기업의
현황과 전략

세계 사회적 기업의 현황과 전략

김봉화 · 김재호

한국학술정보㈜

머리말

본서의 목적은 사회복지 분야에서 사회적 기업을 고용 불안과 양극화를 해결하기 위한 하나의 대안으로 고찰하여, 외국의 사회적 기업 발전단계와 유형을 비교 분석한 후 한국 사회적 기업의 모형과 운영모델을 정립하고자 하는 것이다.

따라서 본서는 사회복지 분야와 사회적 기업과의 관련성 연구로부터 시작하였고, 이를 위하여 외국의 문헌과 학자의 주장을 근거로 이론적인 고찰과 실무적인 상황을 연구하였다.

또한 연구대상인 사회적 기업의 분석틀은 첫째, 대상국가, 둘째, 사회적 기업의 발전단계, 셋째, 사회적 기업의 유형으로 구분하였다. 먼저 대상국가는 유럽형 모델인 영국과 미국형 모델 그리고 한국 등 3개국 중심으로 고찰하였다. 발전단계는 조직생애주기 이론을 적용하고 Miller와 Friesen 모형과 Lippit와 Schmidt의 모형을 고려하여 태동기, 성장기, 성숙기, 쇠퇴기로 구분하였다. 사회적 기업의 유형 비교에는 조직의 종류와 중점활동을 비교단위로 세분화하였다. 조직의 종류는 각국의 사회적 기업의 운영형태가 공공형, 민간형, 혼합형인지를 파악하는 것이다. 또한 기업의 중점활동은 각국의 사회적 기업의 목적이 일자리 창출, 서비스 제공, 통합형 등 중에서 어느 부분에 가장 주력하고 있는지를 밝히는 것이다.

이와 같은 연구분석을 바탕으로 본서에서 밝혀진 주요한 결과를 요약하면 다음과 같다.

첫째로 이론적인 고찰에서 사회적 기업이 추구하는 목적이 사회복지의 협의나 광의 개념 또는 양자를 포함하는 활동과 밀접한 관계가 있는 것으로 입증되었다. 실천적인 고찰에서도 사회적 기업가에는 사회복지학 출신과 사회복지 경력자가 우위를 점하고 있어, 사회복지에서도 사회적 기업의 방향과 수준을 연구할 필요성이 존재한다고 판단되었다.

둘째로 발전단계 비교에서는 영국과 미국은 태동기, 성장기, 성숙기로 진행되고 있으나, 한국은 태동기로 파악되었다. 먼저 영국은 태동기, 성장기, 성숙기로 연결되는 정상적 발전단계를 거치고 있음이 확인되었다. 이에 비하여 미국은 민간형 범위에서만 태동기, 성장기, 성숙기로 발전되는 특수한 발전단계로 진행되고 있음을 알 수 있었다. 한국도 민간형 위주로 일자리 창출과 서비스 제공 그리고 통합형이 동시에 진행되고 있어 미국과 동일하게 특수한 발전단계를 보이고 있다.

셋째로 사회적 기업 유형 비교는 조직의 종류와 중점활동을 요인으로 하여 분류하였다. 조직의 종류는 공공형, 민간형, 혼합형으로 분류하였고 중점활동은 일자리 창출형, 서비스 제공형, 통합형으로 유형을 분류하였다. 그 결과 영국은 정상적인 유형으로 나타났다. 즉, 조직의 종류가 공공형, 민간형, 혼합형으로 고르게 발전하고 있으며, 중점활동도 일자리 창출과 서비스 제공 그리고 통합형으로 모두 활동하고 있다. 반면 미국은 처음부터 민간형 위주로 구성되어 있으며, 중점활동은 일자리 창출과 서비스 제공 그리고 통합형으로 모두 활동하고 있다. 따라서 미국의 유형은 특수한 유형으로 파악되었다. 한국도 초기부터 민간형 위주로 일자리 창출과 서비스 제공 그리고 통합형이 동시에 진행되고 있는 특수한 유형으로 파악되었다.

이 같은 연구를 토대로 한국형 사회적 기업과 관련하여 두 가지 제안을 하였다. 첫째, 한국형 사회적 기업의 발전단계를 예비 사회적 기업, 일자리 중심형, 서비스 중심형, 통합형, 네트워크형으로 제안하였다. 둘째, 예비 사회적 기업의 세부유형으로는 '기업연계형', '지역연계형', '모델발굴형' 등 3가지 사업모형을 제안하고, 네트워크형 사회적 기업 경우에는 '사회적 기업 상호간 네트워크형'과 '사회적 기업과 타조직 간 네트워크형'을 제안하였다.

이상의 결과를 종합하면 역사적인 맥락에서 볼 때, 사회적 기업은 일자리 창출 등 측면에서 중요한 역할을 수행하고 있으며, 향후 공공부문이 해결하지 못하거나 해결하기 어려운 사회문제를 사회복지 차원에서 대처할 수 있는 대안으로 평가된다.

또한 외국의 경우는 사회적 기업이 사회문제를 해결하려는 역사적인 필요성에 의하여 장기간 운영되었기 때문에 안정적인 운영과 지역사회에 이바지하고 있다. 반면 한국은 외국의 사회적 기업을 도입한 초기인 만큼 현실적으로 일자리 창출 및 유지 그리고 안정적인 운영과 발전, 사회복지 이념의 추구, 지역사회에 대한 기여 등 문제를 동시에 해결해야 하는 어려운 문제를 안고 있다.

따라서 한국에서도 사회적 기업을 일자리 창출이나 서비스 제공 또는 지역사회 발전을 주도적으로 할 수 있는 대안 중 하나로 보아 학문적으로나 실무적으로 한국형 사회적 기업을 반드시 정립하여야 한다.

향후 저자가 바라는 부분은 독자 제현이 앞으로 사회적 기업을 연구하고자 하는 경우에는 본서의 제한점에서 언급한 9가지의 분석을 계속 진행하였으면 하는 바람이다.

끝으로 본서가 나오기까지 물심양면으로 도움을 주신 한국학술정보㈜ 사장님과 이주은 선생님 및 직원 여러분, 연구소의 많은 분들 그리고 주위에서 따뜻한 마음으로 지켜봐 주신 지인들께 지면을 빌려 고마운 정과 감사의 마음을 전한다.

2010년 4월
사회복지통계 & 컨설팅연구소에서
저자 일동

목 차

제1장

들어가면서

복지국가의 위기를 극복하기 위한 신자유주의와 신보수주의의 시장경제론은 개방과 탈규제, 노동 유연화에 치우침으로써 고용 불안과 양극화를 심화시켰다(Defourny, 2001: 1-2). 이를 해결하고자 등장한 것이 '사회적 경제론'과 '사회투자국가론'이다.[1]

1970년대 중반 도입된 사회적 경제론은 외환위기 이후 실업과 양극화 문제가 대두하자, 실업자 구호와 일자리 창출 방안을 모색하는 과정에서 활발하게 논의됐다. 사회적 경제론은 국가와 시장으로부터 자율적인 '제3섹터'를 창출해 대량실업이나 새로운 서비스 수요에 대응한다는 것이다.[2] 제3섹터는 공정무역, 지역화폐, 사회

---

[1] 사회투자국가론은 앤서니 기든스(Anthony Giddens)가 「제3의 길」에서 주장한 것으로 인적자원에 대한 투자를 의미한다.

[2] 제3섹터(The Third Sector)는 주로 미국에서 사용되는 용어로 공공부문(제1섹터)과 영리활동의 민간부문(제2섹터)을 제외한 나머지 영역, 즉 비영리영역을 말한다. 제3섹터는 사회적 경제와 비영리섹터를 포함한다. 상세한 사항은 후술한다.

적 기업 등 다양하다.[3)]

유럽과 미국 등에서 활발하게 활동하는 사회적 기업의 유형은 일자리 창출과 유지 측면의 노동통합형, 새로운 서비스를 요구하거나 기존 서비스에서 배제된 사람들을 위한 서비스 공급형, 이들의 통합형이다(Borzaga & Defourny, 2001: 351 - 2). 그리고 사회투자 정책 측면에서, EU는 고용을 통해서 개인복지와 사회통합 그리고 경제성장 잠재력의 확충을 추구하고 있다(사회투자지원재단 a, 2009: 148).

이러한 사회적 기업에 대한 외국의 동향은 네 가지로 살펴볼 수 있다. 첫째, 사회적 기업의 고용창출 효과 측면으로, 외국에서는 사회적 기업의 고용창출 효과가 크게 나타나고 있다. OECD국가의 경우 사회적 기업을 포함한 제3섹터의 고용증가는 1990~1995년에 23%로서, 경제 전체의 고용증가율보다 매우 빨라 사회적 기업의 고용창출 여력을 보여 주고 있다(OECD 대표부, 2006: 20). 따라서 사회적 기업은 노동통합의 이점이 있음을 알 수 있다.

둘째, 고용유지 효과로서, 국가별 사회적 기업의 고용유지 효과도 크다. 1970년대부터 유럽연합과 미국에서는 사회적 가치 추구와 성과중심경영을 접목한 사회적 기업이 운영되고 있으며, 유럽연합에서의 사회적 관련 기업의 고용인원이 1,142만 명으로 전체 노동자의 6.7%를 차지하고 있다(CIRIEC, 2007: 44 - 46). 영국은 사회적 기업이 55,000개이고, 총매출액은 약 270억 파운드이다. 이는 근로자 고용 사업체의 약 5%에 해당되며, 전체 매출액의 1.3%를

---

3) 공정무역(fair trade)은 공정한 가격을 지불하도록 촉진하기 위한 사회운동으로서, 목적은 후진국의 저임금 노동자들의 생계의 안정성과 경제적 자급자족이 되도록 취약한 상태로부터 그들이 벗어나는 것을 돕기 위한 것이다.

차지한다. 그리고 이 기업들의 GDP 기여는 84억 파운드로 추정된다(2006년 기준).

프랑스에서는 노동통합기업의 형태가 대부분이며, 2003년 현재 자활조직이 4,900여 개소에서 연 인원 30만 명이 고용 중이다. 또한 이탈리아는 4,500여 개의 협동조합이 1990년대 후반에 6만 명 이상을 고용 중에 있으며, 이 중 취약 계층은 2만 명 정도로 파악되고 있다(조영복, 2007: 49, 72). 미국은 주로 비영리조직과 민간단체가 운영하는 비즈니스벤처 형태로 운영되고 있으며, 사회적 기업을 이윤추구의 수단으로 인식하는 경향이 강하다.

셋째, 사회적 기업 경영자의 학력과 경력 현황을 들 수 있다(OECD, 1999). 프랑스의 경우에는 사회적 기업 경영자 중에서 사회복지 관련 분야 등 전공자가 39%로 비율이 가장 높고, 사회복지 비전공자라도 추가로 사회복지를 교육받은 사람을 고려할 때, 이는 한국에서도 사회복지 차원에서 사회적 기업을 연구해야 할 필요성이 있음을 보여 주는 것이다. 그리고 사회적 기업 경영자 중에서도 사회복지 분야 등 경력자가 48%로 가장 많다. 따라서 사회적 기업가에는 사회복지학 출신과 사회복지 경력자가 우위를 점하고 있어 사회적 기업의 방향과 수준을 연구할 필요성이 대두된다고 본다.

넷째, 국가별로 사회적 기업 관련 지원법이 제정되어 있다는 점이다. OECD 등 선진국에서도 일자리를 창출하기 위해 사회적 기업을 적극 활용하고 있으며, 국가가 사회적 기업 관련 법률을 제정하여 본격적으로 지원하고 있다. 1991년 이탈리아의 '사회적협동조합법', 1995년 벨기에의 '사회적목적기업법', 1999년 스페인의 '사회적협동조합에관한법', 2001년 프랑스의 '공익협동조합법', 2003

년 핀란드의 '사회적 기업법', 2005년 이탈리아의 '사회적 기업법'
이 제정되었다(엄형식, 2008: 109 - 110). 영국은 2005년 '공동체이
익기업법'을 제정하고, 정부 내에 '사회적 기업추진단'을 설치하여
정부 조달 시 우대, 사회적 기업지원센터를 통한 경영자문 및 진단
서비스 제공 등 지원을 하고 있다.

미국도 '지역사회재투자법'을 통해 기업과 금융기관이 장애인 기
업의 생산품을 우선 구매토록 하거나 취약계층을 고용할 경우 세
제 혜택을 부여하는 등 사회적 기업을 적극 지원하고 있다.[4] 한국
도 2007년 '사회적 기업육성법'이 제정된 만큼 사회적 기업의 형
태, 운영방안과 운영수준을 검토할 필요가 있다.

이러한 사회적 기업 관련 동향에서 사회적 기업에 대한 연구의
필요성은 네 가지로 살펴볼 수 있다.

첫째, 한국에서도 사회복지서비스가 고용창출을 주도하고 있고,
고용창출 효과가 큰 부문이다. 사회복지서비스업의 사업체 수는
2006년 말 현재 2.3만 개(서비스업 전체 사업체 수 대비 비중은
0.8%)로, 2002~2006년 중 연평균 6.3% 증가하여 서비스업 평균
증가율(1.1%)을 크게 상회하고 있다. 그리고 사회복지서비스업의
부가가치는 2006년 기준으로 3조 원 내외로서 GDP의 0.4%로 추
정되고 있다(한국은행, 2008: 1 - 12).

일자리 창출효과를 보면 서비스업은 '01~'05년 기간 중 늘어난
연평균 32만 명의 취업자 중에서 사회서비스 분야가 14.6만 명으
로 45.5% 차지하여 고용창출을 주도하고 있다(관계부처합동, 2007:

---

4) 아이비타임즈, http://www.ibtimes.co.kr/article/news/20090506/3879069.htm;
   http://www.jejuwoman.kr/sample/board_view.php?kbbs_doc_num=51&page=
   1&bbs_id=hownews&searchtype=&searchword=

9). 그리고 사회복지서비스업은 2003년 기준으로 취업유발계수 (27.6)와 고용유발계수(23.3)가 서비스업 평균(취업 20.5, 고용 13.7)은 물론 제조업 평균(12.1, 8.6)을 상회해 자체 고용창출효과가 큰 부문이다(한국은행, 2008:9). 그리고 2007년 이후 사회적 기업을 포함하면 계수는 더 높을 것으로 예상된다. 그러나 우리나라 사회서비스 부문의 고용비중은 2005년 현재 13.6%로, OECD 평균 21.7%에 훨씬 못 미치고 있다(국정브리핑, 2007).

따라서 사회적 기업을 통해 노동통합과 지속적인 서비스 제공을 추진할 수 있고, 고용창출과 유지에 사회복지서비스를 제공하는 사회적 기업의 중요성을 알 수 있다.

둘째, 정부의 대안사업으로 사회적 기업이 대두되고 있다. 즉 현행 '자활사업'이나 '사회적 일자리 사업' 및 '사회서비스 일자리 사업'의 대안사업으로 사회적 기업이 대두되고 있는 것이다.

자활사업의 경우 참여자 전체에서 탈수급율[5]은 2005년 5.5%에서 2006년 소폭 증대하여 6.0%로 추정하고 있으나, 2001~2006년 동안 자활성공률이 줄곧 하락 추세이다(노대명, 2006: 9-10). 따라서 투자 효율성과 효과성 측면에서 기업경영 측면에서 사회적 기업을 운영하는 전략도 필요하다. 정부가 2009년부터 자활사업에 성과급을 도입하여 사업실적에 따라 예산을 지원하는 '성과관리형 자활사업(Outcome Funding)'도 기업경영 방식이다(보건복지가족부 a, 2008).[6]

---

5) 탈수급률은 자활성공률로서, 수급자가 최저생계비 이상 소득을 버는 경우임.
6) 성과관리형 자활사업(Outcome Funding)이란 같은 예산규모로 더 많은 일자리를 제공하기 위해 자활사업 지원방식을 개편하여 취업이나 탈수급(수급자가 최저생계비 이상 소득을 버는 경우) 등 사업실적에 따라 예산을 지원하는 제도이다.

사회적 일자리 창출사업도 성과가 뚜렷이 나타나지 않고 있다. 이 사업은 2003년부터 시작된 사업으로서, 2006년의 사업성과 평가점수가 53.4로 낮은 수준이며, 지난 4년간 사업성과가 뚜렷이 나타나지 않았음에도 불구하고 사업 규모를 급속히 확대시킬 경우, 사업성과가 악화될 수 있다는 평가도 있다(국회예산정책처, 2006: 12).

또한 사회적 일자리 창출사업에 참여한 기관은 홍보, 판매 및 마케팅 역량이 부족하고, 주요 애로사항은 마케팅전략에 대한 전문지식 부족, 전문인력의 부재, 인적자원 결여, 기부금 확보의 어려움, 홍보를 다양화하지 못한 점을 들고 있다(실업극복국민재단 함께일하는사회, 2008: 172). 이는 사회적 기업도 복지마케팅 기법이 필요함을 시사한다. 따라서 일반기업의 경영방식을 도입하는 사회적 기업이 기존사업의 대안으로 육성할 수 있는 것이다.

사회서비스 일자리 사업의 경우, 간병서비스사업에 대한 이익분석결과 간병인 1인당 1일 약 4,322~6,208원의 순 편익이 발생하는 것으로 나타나고 있다. 이는 간병서비스사업이 현금급여를 지급하는 것보다 경제성이 크다는 것을 의미하고, 경제적으로도 타당성이 있는 사업임을 시사한다(정영호 외, 2006: 124-125). 또한 사회적 일자리 창출사업에 참여한 기관 중 64%가 사회적 기업으로의 발전계획을 갖고 있음을 고려할 때(실업극복국민재단 함께일하는사회, 2008: 38.), 사회서비스 일자리 사업을 사회적 기업으로 전환하는 제도가 필요함을 알 수 있다.

셋째, 사회적 기업에 대한 법적·제도적 지원의 기반이 확립된 점이다. 정부도 사회적 기업에 대한 지원체계를 구축하기 위하여 2007년 1월 3일에 '사회적 기업 육성법'을 제정하고, 2007년 7월

1일부터 시행하고 있다. 제정이유를 보면, '새로운 일자리를 창출하여 생산활동을 통해 수익을 올리면서 저소득층에 대한 사회서비스 제공 등 사회적 목적을 추구하는 사회적 기업이 우리 사회에서 의미 있는 대안으로 자리매김할 수 있도록 제도적 지원체계를 구축'하기 위함이다. 또한 2012년까지 1,000개의 사회적 기업을 육성할 계획을 수립하고 있다.

이러한 사회적 기업의 가치를 살펴보면 개인별 기대가치(편익)로는 10,782원이며, 전체 지불의사액은 3,589억 원으로 추정된다. 또한 국민경제적 파급효과는 생산유발액이 약 2,278억 원, 부가가치 유발액은 약 3,255억 원 그리고 취업유발인원은 1일 기준 약 10,292명인 것으로 나타나고 있다(보건사회연구원, 2005: 90, 94).[7] 이와 같은 연구결과는 한국에서 일자리 창출과 유지가 목적인 사회적 기업을 육성해야 할 당위성을 제시하고 있다.

넷째, 한국에서도 사회적 기업이 초창기이지만 활발하게 도입되고 있다. 먼저 한국 사회적 기업의 외형적인 현황을 보면, 인증된 사회적 기업 숫자는 2007년 52개, 2008년 166개로, 4차 인증결과 218개 기관이 인증되었다. 지역별로는 전체의 44% 정도가 서울 및 경기지역 등 수도권지역에 분포하고 있으며, 업종은 기타 분야가 65개(30%), 사회복지 44개(20%), 환경 35개(16%), 간병·가사지원이 29개(13%)이다(노동부, 2009: 11 - 12).

조직형태는 상법상 회사가 89개(41%), 민법상 법인이 52개(24%), 비영리단체가 38개(17%), 사회복지법인 28개(13%), 소비자

---

7) 여기서 기대가치 3,589억 원＝1인 기대가치 10,782원×20～69세의 인구수 33,291,529명임.

생협 10개 순으로 다양하다. 유급근로자는 전체 6,565명으로 기관 평균 30명을 고용하고 있으며, 사회적 목적 실현유형으로는 일자리 제공형이 90개(41%), 혼합형이 63개(29%), 기타형이 35개(16%), 사회서비스 제공형이 30개(14%) 순이다(노동부, 2009: 11-12). 이와 같이 한국에서도 사회적 기업이 계속 확대되고 있는 시점이므로 연구의 필요성이 있다. 이 점은 관련 부분에서 다시 설명하기로 한다.

1970년대 후반 이후에 시작된 실업문제에 대처하기 위하여, 유럽 각국은 기존의 수동적 노동정책인 실업급여 제도를 넘어선 능동적인 노동정책을 시작하였다. 능동적인 노동정책은 실업자들이 노동시장으로 돌아갈 수 있도록 훈련과 직업경험을 갖게 해 주는 적극적인 노동정책을 말한다.

또한 민간에서 시작된 사회적 기업도 적극적인 노동시장정책의 중요한 수단으로 채택되었다. 벨기에, 독일, 프랑스, 이탈리아 등의 국가에서는 1990년대 초반부터 노동시장정책과 사회보장정책이 혼합된 성격의 '2차 노동시장 프로그램'이 도입되었고, 그 주요한 수행수단이 사회적 기업이었다(Borzaga, C. & Santuari, A., 2001: Evers, A. & Schulze-Bönig, 2001: Laville, J. L., 2001, Leichsenring, K., 2001, Pättiniemi, P., 2001).

한국에서도 IMF 이후에 사회통합을 위하여 자활사업과 노인, 장애인, 여성 등 취약계층의 일자리 창출 등에 복지정책을 시행하고 있다. 그리고 정책효과를 높이기 위한 방안으로 공공부문과 더불어 민간부문에서도 필요성이 제기되어, 2007년에 사회적 기업육성법이 제정되었다.

이 같은 역사적인 맥락에서 볼 때, 사회적 기업은 일자리 창출 등 측면에서 중요한 역할을 수행하고 있으며, 향후 공공부문이 해결하지 못하거나 해결하기 어려운 사회문제를 사회복지 차원에서 대처할 수 있는 대안으로 평가된다. 또한 사회적 기업의 국내 성장 전망이 밝다는 연구결과도 있다(홍석빈, 2009: 41 - 50).

그리고 유럽에서의 사회적 기업은 사회적 경제라는 맥락 속에서 제기되었고, 미국은 자원봉사 조직 측면에서 사회적 기업이 대두되었다. 이와 같이 사회적 기업의 도입 배경과 제도적 유사성을 가지고 있는 유럽의 경험은 한국의 사회적 기업 도입과 발전에 중요한 시사점을 제시한다고 볼 수 있고, 미국의 자원봉사 조직도 한국 사회적 기업의 운영 등에 유용한 지침을 제공할 수 있다고 평가된다.

이러한 상황에서 첫 번째 문제점은 '사회복지 분야와 사회적 기업과의 관계가 있는가.' 하는 문제이다. 이는 사회복지에서 사회적 기업 연구의 당위성과 연계된 문제로 볼 수 있다. 사회적 기업은 사회적 목적을 우선적으로 추구하는 기업으로서, 회원이나 지역사회에 재투자하는 기업이라고 정의되고 있다(DTI, 2007: 10). 그렇다면 사회적 목적과 사회복지 개념의 관련성, 즉 유사성과 차이점이 있는지, 있다면 어느 정도인가가 문제가 된다.

두 번째 문제점은 '한국에 필요한 사회적 기업의 유형은 무엇인가.'라는 점이다. 이는 우선 '외국 사회적 기업 유형 그 자체가 한국에도 적용될 수 있는가.' 그리고 '한국에 추가로 필요한 유형은 무엇인가.' 하는 두 가지 형태의 질문으로 구별할 수 있다. 전자의 질문은 외국에서의 유형이 한국에서의 일자리 창출과 유지 그리고 필요한 서비스 제공이라는 상황을 극복할 수 있는 유형인지를 판단할 필요가 있다는 문제제기이다. 후자는 그 외에도 한국의 상황에 맞게 추가로 필요한 유형이 무엇인가 하는 의문점이다.

세 번째 문제점은 '한국 사회적 기업의 발전단계를 어떻게 제시해야 하는가.'이다. 즉 앞에서 본 외국 사회적 기업 유형을 한국에서 시간대별로 어떠한 순서로 전개하는 것이 가장 합당한가 하는 것이다. 그 이유는 외국의 사회적 기업 유형은 외국의 상황에 따라 도출된 만큼, 한국의 입장을 고려하여 전개하는 것이 의미가 있다고 판단되기 때문이다.

따라서 본서에서는 다음과 같은 목적에서 사회적 기업을 연구하고자 한다. 첫째, 사회적 기업과 사회복지와의 관계를 설정하는 것이다. 즉 사회적 기업의 사회적 목적과 사회복지와의 상관성을 밝히는 것이다. 이는 비교국가의 사회적 기업을 살펴보고, 사회복지에 대한 학자들의 이론과 상호 유사점과 차이점을 비교하는 방법으로 연구하고자 한다. 이를 통하여 사회복지에서 사회적 기업을 연구하는 학문적인 타당성이 검증될 것이다.

부연하면 사회적 목적이 사회적 약자인 취약계층에게 일자리나 사회적 서비스를 제공하는 것으로, 그들의 삶과 사회의 질을 높이는 것을 의미한다면 협의의 사회복지 개념과 유사하다. 반대로 기업회원이나 지역사회에 재투자하여 지역주민이나 국민 전체의 삶과 사회의 질을 높이는 것을 의미한다면, 광의의 사회복지 개념으로 볼 수 있다.

따라서 본서에서는 사회복지에서 사회적 기업을 연구해야 할 필요성을 고찰하고, 사회복지 입장에서 사회적 기업 개념을 정립하고자 한다. 한국에서도 사회적 기업이 실업과 양극화 문제를 해결하기 위한 대안으로 주장된 만큼, 한국 사회복지에서도 사회적 기업을 통하여 사회복지 이념을 실천할 수 있다는 가설이 가능하기 때문이다.

둘째, 사회적 기업의 유형을 정립하고자 한다. 외국의 사회적 기업 유형과 각각의 발생 원인을 조사하여 한국에서도 도입이 가능한지를 분석하는 것이다. 이를 위해 발생 순서를 기준으로 한 연혁적인 검토를 거쳐, 세부적으로는 사회적 기업의 유형을 고찰하고, 각각의 특징 및 장단점도 분석하고자 한다. 그리고 이를 토대로 한국의 사회적 기업 유형을 제시하고자 한다.

셋째, 사회적 기업 유형의 발전단계를 살펴보고자 한다. 현재 사회적 기업의 유형을 발전단계별로 도식화된 연구는 거의 없다. 따라서 먼저 각국 사회적 기업의 발전단계를 살펴보고, 향후에 필요한 유형 그리고 한국의 실정법상 필요한 유형을 고려하여 시간별로 발전단계를 제시한다. 이는 사회적 기업으로 창업 계획이 있거나 도입기에 있는 한국 사회적 기업가에게 하나의 이념형으로 제시할 수가 있고 정책입안자에게 발전단계별 전반적인 정책수립 시행에 도움을 줄 수 있다고 본다.

본서의 목적은 사회적 기업을 연구하는 것이므로 연구방법은 사회적 기업에 대한 새로운 발전단계와 유형에 대한 기본적인 자료를 제공하는 데 있다. 이러한 연구목적을 달성하기 위하여 탐색적 조사 형태이면서 질적 연구를 포함하는 문헌연구로 진행하였다. 그 이유는 연구의 선택문제는 연구조건과 목적에 따라 선택되어야 하는 문제이므로(Rubin & Babbie, 1998: 53), 질적 연구를 선택하는 것이 본 연구와 부합하다고 생각되었기 때문이다.

따라서 질적 연구자료로는 이미 조사된 각국의 정부 보고서, OECD보고서, 각국의 민간 연구논문, 각국 단체의 연구논문, 심포지엄 자료, 각국 및 단체의 사이트, 연구조사 분석자료, 서적 등 기존 통계자료와 현재의 통계자료를 활용하였다. 또한 자료수집 방법으로는 글래이저와 슈트라우스(Glaser & Strauss)의 '근거이론(grounded theory)'을 사용하였다. 이렇게 선택한 이유로는 근거이론은 기존자료를 통해 이론을 발견하는 귀납적 방법으로서 현실자료를 바탕으로 새로운 사회복지학 이론이나 지식을 개발하는 데 적합한 접근 방법이므로(Sherman & Reid, 2004: 26) 사회복지 차원에서 사회적 기업에 대한 발전단계와 유형을 정립하려는 본서의 목적과 일치하기 때문이다.

또한 문헌연구에는 비관여적인 연구조사인 내용분석, 기존통계치의 분석, 역사/비교분석 등이 있다(Rubin & Babbie, 1998: 457 - 483). 그중에서 기존통계치의 분석, 역사/비교분석을 사용하였다. 그 이유는 '기존통계치의 분석'에서 기존통계는 역사적 또는 개념적 맥락을 제공하는 경우가 많으므로, 외국과 한국의 통계를 이용하여 사회적 기업의 발전방향과 운영수준의 기준수치를 제시할 수 있다고 판단되기 때문이다. '역사/비교분석'은 하나의 역사적인 상황이 각기 다른 장소에서도 발생하는 경우 공통의 유형을 발견하고자 시도되는 방안이므로, 이 방법을 사용하여 한국 사회적 기업에 적용 가능한 유형을 제시할 예정이다. 따라서 본 연구는 질적 연구의 근거이론에 의거한 문헌연구 방법을 사용하였다.

이 책에서의 연구범위는 연구초점에 따라 네 가지로 보고자 한다.

첫째, 사회적 기업의 개념비교, 대안으로 사회적 기업 여부, 사회복지와 사회적 기업 간의 관계는 영국 통산산업부(DTI), OECD보고서, 미국연구, 벨기에 왈룬 사회적경제위원회, 한국 사회적 기업 육성법, 이탈리아 등 각국의 보고서를 기준으로 한다. 특히 사회적 기업과 사회복지와의 관계는 사회적 기업의 사회적 목적과 사회복지와의 상관성을 밝히는 것으로, 이는 각국의 사회적 목적을 살펴보고, 사회복지에 대한 학자들의 이론과 상호 유사점과 차이점을 비교하는 방법으로 연구하고자 한다.

둘째, 사회적 기업의 통계비교는 국내외 연구보고서와 간행물 중심으로 진행하며, 특히 「The emergence of Social Enterprise」을 중심으로 고찰한다. 이 연구는 EU 15개국의 사회적 기업에 관한 내용을 4년간의 프로젝트를 통해 연구한 결과를 토대로 하였고, 보다 전통적인 제3섹터 조직 혹은 비영리단체에 대한 내용을 조사하였을 뿐만 아니라, 사회적 기업 이론의 개요를 처음으로 시도하여 나타내고 있는 점이 특징이다.

셋째, 사회적 기업의 유형 도출은 국내외 연구보고서와 OECD보고서, 각국의 관련 사이트, 간행물을 기준으로 제시한다. 그리고 유럽 사회적 기업의 공통 유형과 한국의 법과 제도 부분, 선행 연구가들의 연구결과에서 도출한다.

넷째, 사회적 기업의 발전단계는 국내외 연구보고서와 연구논문을 중심으로 정립한다. 우선 유럽에서 어떠한 순서로 진행되어 왔는지를 밝히고, 이를 포함하여 한국에서 실시 가능한 또 다른 유형의 발전과정을 살펴본다.

제2장

사회적 기업의 이론적 배경

제1절 사회적 경제와 사회적 기업

1. 사회적 기업

(1) 사회적 기업의 특징

사회적 기업의 개념에 대해서는 다양한 견해가 주장되고 있다. 사회적 경제 측면에서 사회적 기업을 조망하는 유럽에서는 사회적 기업의 사회적 목적 차원으로 정의하고 있고, 비영리 측면을 강조하는 미국에서는 비영리조직으로서 이윤분배의 제한을 강조하고 있다.

먼저 유럽에서는 사회적 기업을 '사회적 목적을 가진 기업', '시민기업', '커뮤니티 비즈니스', '커뮤니티 복지기업'으로 표현하고 있다(Evers, 2001: 296).

EMES 네트워크는 사회적 기업이 기업적인 전략으로 조직되지만 주요 목적이 이윤 극대화가 아닌 경제, 사회 목표의 달성이며, 사회적 소외와 실업에 혁신적인 해결책을 제시할 수 있는 역량을 가진 공익을 위한 민간 활동이라고 정의하고 있다(OECD, 1999: 5). 그리고 OECD 역시 사회적 기업이란 기업가정신으로 조직되며 사회적, 경제적 목적을 모두 추구하는 단체로 보고 있으며, 나라마다 그 법적 형태는 다르다고 언급하고 있다(1999: 2).

또한 EMES 네트워크는 사회적 기업 정의를 4가지의 경제적 기준과 5가지 사회적 기준으로 소개하고 있다.[8] 경제적 기준의 4가지는 재화와 서비스의 지속적인 생산과 판매, 고도의 자치성, 경제적 위험의 존재, 최소한의 유급노동을 말한다. 사회적 기준의 5가지는 지역사회에 공헌한다는 목적, 시민집단이 설립하는 조직, 자본소유에 의하지 않는 의사결정, 이해관계자들의 참여, 제한적인 이윤분배이다.

영국의 통산산업부는 사회적 기업이란 사회적인 목적을 우선적으로 추구하는 기업으로서, 주주와 소유주를 위한 극대화를 추구하기보다는 창출된 수익을 사회적 목적 달성을 위해 주로 기업 자체나 지역사회에 재투자하는 기업으로 정의하고 있다(UK DTIc: 10).[9]

드푸르니(Jacques Defourny)는 협동조합과 비영리조직의 교차영

---

8) 자세한 내용은 Jacques Defourny, 2001: 16-18 참조.
9) UK DTI는 United Kingdom Department of Trade and Industry의 약자로서 영국의 통상산업부를 말한다.

역을 사회적 기업으로 보고 있다(2001: 21 - 24)<그림 2 - 1>. 협동
조합은 구성원과 지역사회 전체 이익이 주된 관심사이고, 비영리조
직은 영리를 추구하되 영리가 기업의 제1목표가 아니라는 것을 의
미한다.

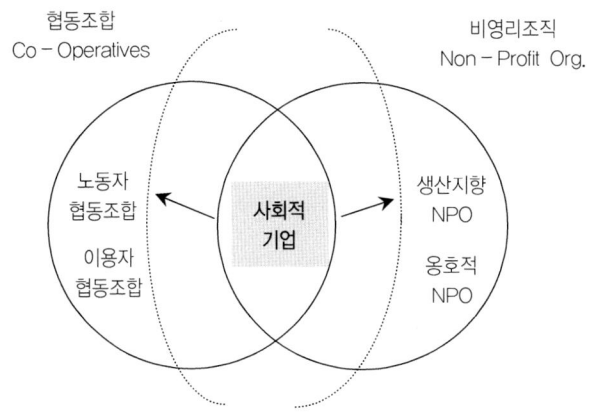

자료: Jacques Defourny, 2001: 22.

〈그림 2-1〉 사회적 기업의 영역

미국의 로버츠기업개발재단(REDF: Roberts Enterprise Development
Foundation)은 저소득자에게 경제적인 기회를 제공하기 위해 모험
적인 사업으로 수입을 창출하는 것이 사회적 기업이라고 정의하고
있다(Sutia Kim Alter, 2004: 4).

또한 사회적 기업 컨설팅업체인 버추벤처스(Virtue Ventures
LLC)는 사회적 기업을 사회적 목적과 사회가치를 발생시키기 위해
만들어진 모험적인 사업으로 보고 있다. 여기서 사회적 목적이란

시장실패나 사회문제를 감소시키거나 완화시키는 것이고, 사회가치는 민간부문의 사업에서 재정적인 훈련, 변혁, 결정 등을 통하여 생성된다고 보고 있다(Sutia Kim Alter, 2004: 5).

최근에는 사회적 기업을 제4섹터로 구분하여 정의하려는 시도도 있다. 즉 제4섹터는 민간기업(제2섹터)처럼 시장에서 경쟁하여 영리를 추구하되, 정부(제1섹터)나 시민사회(제3섹터)처럼 수익을 공익에 사용하는 새로운 유형 기업과 이를 지원하는 조직이라는 것이다(유병선, 2008: 244).[10]

무함마드 유누스(Muhammad Yunus)도 사회적 기업이 특정한 개인의 이익 달성이 아니라 명확한 사회적 목표를 추구하기 위해 만들어진 것이라고 주장하고 있다(2008: 43).[11]

엄형식(2008)은 사회적 기업을 협의와 광의 개념으로 구분하고 있다. 협의개념에서는 사회적 기업이란 사회적 기업육성법에 의하여 인증받은 조직만을 의미한다. 광의 개념으로는 실업과 빈곤에 대처하고, 부족한 사회서비스 전달과 대안적인 지역개발을 위해 활동하는 비영리민간영역의 다양한 운동의 총칭이라고 언급하고 있다. 그리고 임혁백 외(2007)는 비이윤 추구적인 사회적 경제를 운영하는 기업을 사회적 기업으로 보고 있다.

우리나라의 사회적 기업 육성법에서도 사회적 기업을 '취약계층에게 사회서비스 또는 일자리를 제공하여 지역주민의 삶의 질을 높이는 등의 사회적 목적을 추구하면서 재화 및 서비스의 생산·판매 등 영업활동을 수행하는 기업으로서 인증받은 자'로 규정하고

---

10) 대표적인 기관으로는 아스펜 연구소(Aspen Institute)와 제4섹터 네트워크가 있다.
11) 무함마드 유누스 교수는 마이크로크레디트 사업의 효시인 방글라데시 그라민은행 창립자로서, 2006년 노벨상평화상 수상자이다.

있다(법 제2조 제1호).

이와 같이 유럽과 영미 학자, 우리나라에서도 모두 사회적 기업의 공통개념으로 사회적 목표, 사회적 목적 측면을 주장하고 있으며, 사회복지와 관련이 있음을 예시하고 있다.

따라서 본서에서는 사회적 기업의 협의개념으로는 사회적 기업 육성법에 의하여 인증받은 기업으로, 광의의 개념으로는 사회적 목적 또는 사회복지를 지향하는 조직으로 정의하고자 한다.

협의의 개념이 필요한 이유는 본서의 연구목적이 한국형 사회적 기업의 연구로서, 예비 사회적 기업과 사회적 기업의 인증기준과 운영수준을 세밀하게 제시해야 하기 때문이다.

그리고 광의의 개념이 필요한 이유는 다음과 같이 3가지로 볼 수 있다. 첫째, 사회복지 분야에서 사회적 기업을 연구해야 하는 당위성을 제시할 필요성이 있기 때문이다. 부연하면, 사회적 목적 또는 목표와 사회복지와의 관계를 고찰하여야 한다. 이는 후술한다.

둘째, 한국에서는 사회적 기업이 2000년대 초반부터 기존 노동협동조합과 자활사업의 한계를 극복하기 위한 방안으로 시작되었고, 생활협동운동과 시민운동에서의 자생적인 노력이 결합하여 형성된 운동이므로(엄형식, 2008: 220), 미시적인 관점보다는 거시적인 차원에서 고찰할 필요가 있다.

셋째, 한국형 사회적 기업의 미래 전개과정에서도 지역사회와의 연계 측면에서 광의의 개념이 보다 적절하다고 판단되었기 때문이다.

(2) 사회적 기업의 유형

사회적 기업의 유형은 관점에 따라 다양한 유형으로 주장되고 있다. 유럽은 보통 사회적 기업의 유형을 3개의 범주로 구분하여 협동조합(cooperative enterprises), 상호공제조합(mutual societies), 민간단체(organizations)로 구분하고 있다(Defourny, 2001: 4-5, OECD, 1999).

그리고 목표에 따른 유형분류로는 노동통합형, 사회통합형, 혼합방식형이 있다(임혁백 외, 2007: 56-7, Defourny, 2001: 4-5).

또한 사회적 기업의 사명지향정도에 따라 구분하기도 한다(Sutia Kim Alter, 2004: 16-18). 사명지향정도(Mission Orientation)는 사회적 기업이 사명동기와 이윤동기 중 어느 부분에 중점을 두는 가에 따라 '사명 중심형', '사명 관련형', '사명과 무관한 형'이 있다. 그리고 사업(영리적 수익활동)과 프로그램의 통합 정도에 의한 구분으로, '내재형', '통합형', '외재형'이 있다(Sutia Kim Alter, 2004: 19-24).

사회적 기업을 사회복지모델과 연결시켜, 사회민주주의 모델(스웨덴), 조합주의 모델(독일), 자유주의 모델(영국), 제3부문 지배적 모델(이탈리아)로 분류한 예도 있다(장원봉, 2005).

국가별로는 영국의 경우, 사회적 기업 전문지원기관인 SEL(Social Enterprise London)에 의한 분류도 있다(노동부 a, 2007: 6).[12] 스

___

12) 이는 8가지이다. ① 노동자소유기업(employee owner business): 노동자들이 새로운 기업을 설립하거나 기존의 기업을 구입하여 공공의 목적을 추구하는 기업. ② 협동조합(co-operatives): 조합원 모두가 혜택을 받을 수 있는 서비스를 공유하기 위해 만들어진 조직. ③ 신용협동조합(credit union): 조합원들이 돈을 저축하고 빌리는 것을 돕기 위해 설립된 협동조합. ④ 개발신탁(development trusts): 특정 지역이나 공동체의 재개발을 위해 지역

웨덴은 사회적 기업들을 집합적으로 'folkroelse(대중 운동)'이라고 지칭한다(OECD, 1999: 30 – 31). 여기에 속하는 단체들은 다른 선진국과 그 형태가 매우 다르며 전통적인 협동조합, 대중 운동, 비영리단체 그리고 주로 복지서비스를 제공하는 새로운 협동조합이 있다(OECD, 1999: 30 – 31).

한국의 경우에도 몇 가지 유형이 있다. 첫째로, 사회적 기업을 연혁에 따라 전통적 사회적 기업과 새로운 사회적 기업으로 분류한 경우이다(엄형식, 2008: 123). 둘째로, 사회적 기업을 발생 원인별, 연계 형태별로 구별한 경우이다(노동부 a, 2007: 65 – 68). 셋째로, 사회적 기업의 성격·형태·포괄 대상에 따라 공공부조형, 지역사회친화형, 시장친화형으로 유형화한 사례도 있다(김경휘·반정호, 2006: 44 – 47). 넷째로, 현행 사회적 기업 육성법에 의거하여 사회적 기업은 4유형, 즉 '일자리 제공형', '사회서비스 제공형', '지역사회 공헌형', '혼합형'이 시행되고 있다(노동부, 2008: 4). 전술한 내용 외에도 한국 사회적 기업에 대한 유형은 조직형태에 따라서도 민법상 법인이나 조합, 상법상 회사 또는 비영리민간단체로 구분할 수 있고(법 제8조 제1항 1호), 정부 지원 형태에 따라 정부 지원형인가 혹은 독립형인가로 나눌 수 있어 여러 가지 분류 기준이 있을 수 있다.

공동체 지방정부, 기업 등의 파트너십에 의해 형성된 조직. ⑤ 지역공동체 기업(community business): 지역주민의 자립을 위한 일자리 창출과 지역개발을 목적으로 지역공동체에 의해 설립된 기업. ⑥ 사회적 회사(social firms): 장애인 등 노동시장에서 불리한 조건을 가진 사람들을 고용하기 위해 설립된 기업. ⑦ 노동중계시장 프로젝트(intermediate labour - market organization): 장기실업자들을 대상으로 훈련과 구직활동, 유급고용을 창출하기 위한 프로젝트를 수행하고자 결성된 조직. ⑧ 자선단체 부설사업체(charity trading arms): 자선조직의 일부가 기업적인 방법을 도입하여 그들의 사회적 목적을 달성하고자 형성된 조직.

2. 사회적 경제

(1) 제3섹터와 사회적 경제

유럽 등에서는 복지국가의 위기를 불러온 국가실패와 고용 불안과 양극화를 심화시킨 시장실패로 말미암아 새로운 유형인 '제3섹터'가 1970년 중반에 나타나기 시작했다. 제3섹터(The Third Sector)는 공공부문(제1섹터)과 영리활동의 민간부문(제2섹터)을 제외한 나머지 영역, 즉 비영리영역을 말한다. 부연하면, 정부와 기업을 제외한 다양한 사회조직이 활동하는 부문으로서, 공공성과 수익성을 동시에 추구하는 경향이 있다(임혁백 외, 2007: 45).

따라서 제3섹터는 사회적 경제와 비영리섹터를 포함하는 개념이나(Defourny, 2001: 3-4.), 국가에 따라서는 자원부문(voluntary sector), 사회적 경제, 비영리섹터로 부르고 있다. 또한 제3섹터와 관련하여 프랑스에서는 사회적 경제의 전통이, 미국에서는 비영리섹터의 전통이 강하다.

여기에서 제3섹터를 구성하는 사회적 경제와 비영리섹터의 주요한 차이점은 목적, 조직의 통제방법, 이윤배분 방식 등 3가지로 볼 수 있다(Defourny, 2001: 9-10). 첫째, 사회적 경제의 목적은 이윤추구가 아닌 구성원이나 지역사회의 서비스에 있으나, 비영리섹터의 목적은 명확하지 않다는 점이다. 둘째, 사회적 경제의 조직 통제방법은 민주적인 의사결정 절차이나, 비영리섹터는 스스로 통치조직에 의해서 조직이 통제된다. 셋째, 이윤배분 방식에 있어서 사회적 경제는 구성원에게 합리적인 이윤 분배를 인정하나, 비영리섹터는 이윤 분배를 인정하지 않는다. 상호 공통점과 차이점은 <표 2 - 1>과 같다.

〈표 2 - 1〉 사회적 경제와 비영리섹터의 공통점과 차이점

구분	세부사항	사회적 경제	비영리섹터
공통점	공식성	제도화, 법인	제도화, 법인
	독립성	정부와 분리, 민간부문	정부와 분리, 민간부문
	자율성	고유한 규칙과 의사결정과정	고유한 규칙과 의사결정과정
	자발성	회원가입의 자발성	회원가입의 자발성
차이점	조직목표	수익성 배제	수익성 포함 가능
	조직운영	민주적인 통제	기업적인 운영 가능
	이윤배분	구성원을 위한 재분배 가능	이윤 분배 제한
	주요국가	프랑스	미국

자료: Defourny, 9 - 10, 임혁백 외, 48 재구성.

(2) 사회적 경제의 개념과 의의

앞에서 국가(제1섹터)와 영리활동의 경제 분야(제2섹터)를 제외한 비영리영역이 제3섹터이며, 제3섹터는 사회적 경제와 비영리섹터를 포함하는 개념임을 설명하였다.

사회적 경제(social economy)의 정의에 대해서도 다양한 의견이 있다. 첫째, 드푸르니는 법제도적 접근과 규범적 접근으로 설명하고 있다(Defourny, 2001: 4 - 7). 전자는 사회적 경제가 협동조합, 상호공제조합, 민간단체의 3가지 요소로 구성된 경제활동이라고 보는 입장이다. 후자는 사회적 경제가 각 조직의 공통적인 4가지 원칙을 따르는 것으로 해석하고 있다. 따라서 후자 입장에서 본 사회적 경제의 개념은 공통적인 4가지 원칙 ─ 목적이 회원이나 지역사

회에 대한 공헌, 독립적인 관리(경영의 자율성), 민주적인 의사결정, 소득분배에 있어서 자본보다는 사람과 노동을 중시 ― 을 따르는 일련의 경제활동이라고 정의된다.

둘째, 유럽공동체의 유럽위원회는 사회적 경제를 "공동의 욕구를 가진 사람들에 의해 그리고 그들을 위해 만들어진 기업들로 구성된 이해당사자 경제(stakeholder)의 일부로서, 중요한 경제행위자인 협동조합, 상호공제조합, 민간단체, 재단을 포함한다."라고 정의하고 있다(엄형식, 2008: 52).

셋째, 임혁백 외(2007)는 사회적 경제는 기존의 시장경제와 다른 경제로서, 시장퇴출자를 배려하는 이타주의적 효용을 추구하는 경제라고 보고 있다. 따라서 공동체의 연대와 통합을 우선적인 가치로 생각하는 공적인 경제로 정의한다.

김경휘·반정호(2006)는 사회적 경제를 과거처럼 정부 주체의 사회정책을 통해 빈곤문제를 해결하는 것이 아니라, 지역사회를 기반으로 지역사회의 인적·물적 자원을 조직하여 거대시장에 대응하는 등 보다 자치적이고 독자적인 시장을 형성하여 빈곤문제를 해결하고자 하는 경제로 보고 있다<그림 2-2>.

피어스(J. Pearce)는 경제영역을 3가지 영역, 즉 이윤지향적인 민간상업 시장영역(제1체제), 계획적으로 제공되는 공공서비스의 비상업적 영역(제2체제), 자조와 호혜의 사회적 목적을 지향하는 영역(제3체제)으로 구분하고 있다. 그리고 사회적 경제는 제3체제 중에서 시장지향적인 상업적 활동영역이라고 언급하고 있다(Doherty et al, 2009: 5-6).

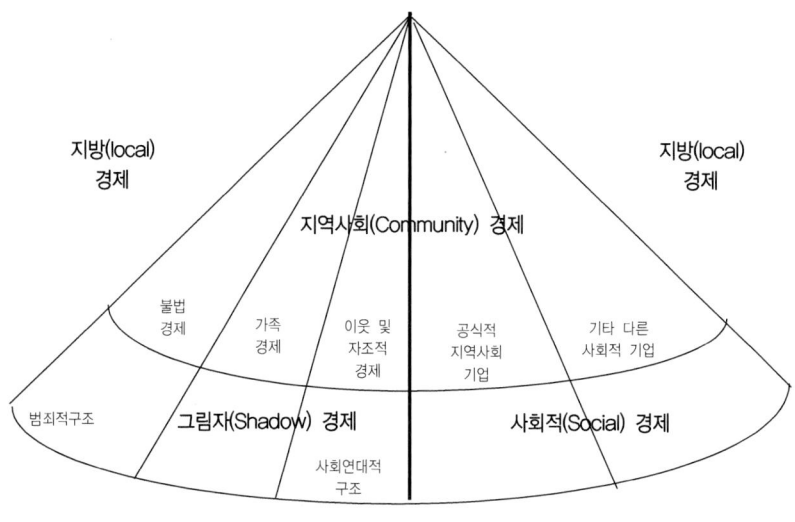

자료: 김경휘·반정호. 36.

〈그림 2-2〉 사회적 경제의 영역

3. 사회적 기업과 사회적 경제와의 상호 관계

앞에서 제3섹터는 사회적 경제와 비영리섹터를 포함하는 개념임을 설명하였다. 그리고 사회적 경제와 사회적 기업과의 관계에 대해서 피어스(Pearce)는 사회적 기업을 사회적 경제의 한 부분으로 보고 있다(Doherty et al, 2009: 5-6). 또한 사회적 기업은 사회적 경제를 이끄는 주체이고, 이윤을 창출하여 사회적 목적인 다른 사람의 이익을 위해 사용해야 하므로 수익성을 추구하는 특징도 있다(임혁백 외, 2007:19, Defourny, 2001: 15). 따라서 사회적 기업은 사회적 경제의 한 부분임과 동시에 사회적 경제의 주체로 볼 수 있다. 양자의 관계는 <그림 2 - 3>과 같다.

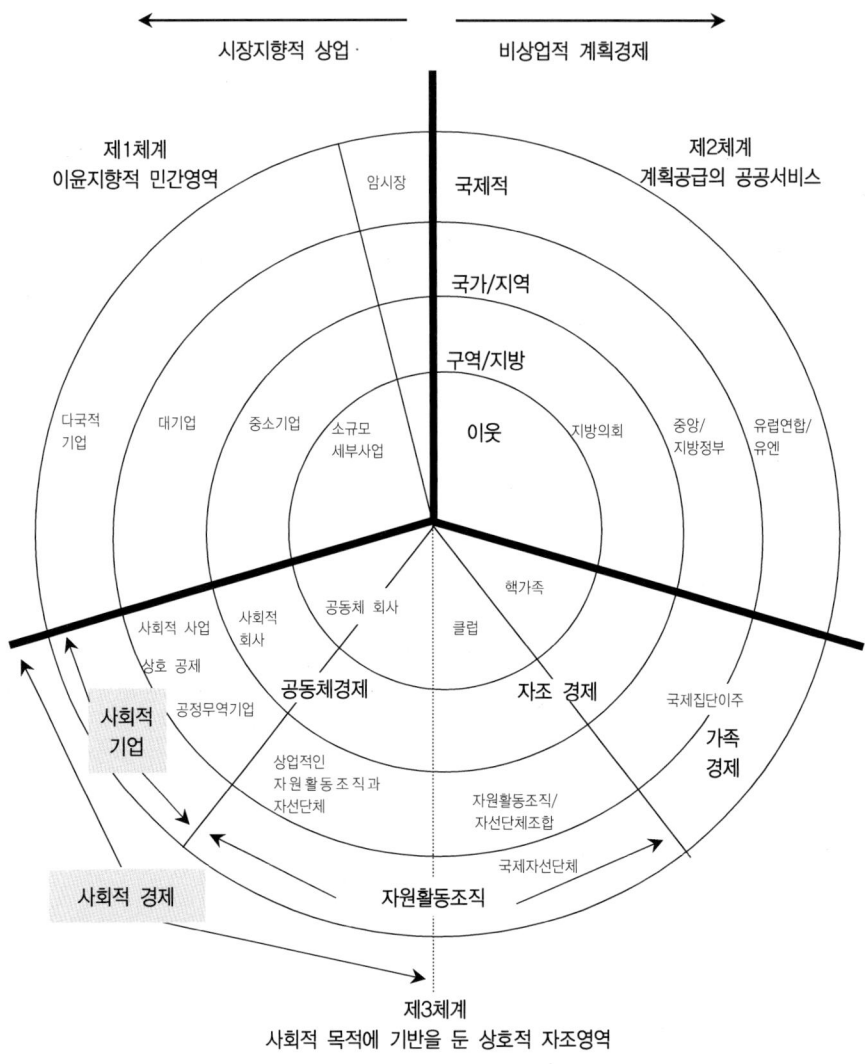

<시장지향적 상업 ←

비상업적 계획경제 →

제1체계
이윤지향적 민간영역

임시장

국제적

국가/지역

구역/지방

이웃

지방의회

다국적
기업

대기업

중소기업

소규모
세부사업

중앙/
지방정부

유럽연합/
유엔

제2체계
계획공급의 공공서비스

핵가족

클럽

공동체 회사

사회적 사업

사회적
회사

상호 공제

공정무역기업

공동체경제

자조 경제

국제집단이주

가족
경제

사회적
기업

상업적인
자원활동조직과
자선단체

자원활동조직/
자선단체조합

자원활동조직

국제자선단체

사회적 경제

제3체계
사회적 목적에 기반을 둔 상호적 자조영역

자료: Bob Doherty et al., *Management for Social Enterprise*(London: SAGE Publications, 2009). 6 재구성.

〈그림 2-3〉 사회적 경제와 사회적 기업과의 관계

제2절 사회복지와 사회적 기업

1. 사회복지와 사회적 기업과의 관계

(1) 이론적 측면

이론적인 고찰에서는 사회복지 분야에서 사회적 기업을 연구해야 할 당위성을 찾는 것이다. 부연하면 사회복지 개념 및 목적과 사회적 기업이 추구하는 목적과의 상호 관계를 고찰하는 것이다. 그 이유는 사회적 기업에서 추구하는 목적이 사회복지 개념 및 목적과 유사하거나 일치한다면 사회복지 분야에서 사회적 기업을 연구해야 할 당위성이 있으나, 전혀 무관하다면 사회복지 분야에서 사회적 기업을 연구할 필요가 없다는 점이다. 이는 이 책의 출발점이기도 하다. 개념, 목적, 사회적 기업이 추구하는 목적과의 상호 관계를 순서대로 설명한다.

첫째, 사회복지의 개념에는 협의와 광의 개념으로 구분할 수 있다. 먼저 협의의 사회복지는 취약계층에 대한 경제적 지원과 서비스를 제공하는 개념이다. 즉 사회복지 대상을 빈곤계층, 아동, 노인, 장애인 등의 사회적 약자로 한정하여 경제적 지원과 교육, 훈련, 재활, 치료 등의 서비스를 제공하는 것을 의미한다(Gilbert & Terrell, 2007: 21). 그 예는 영국의 구빈법, 19세기 후반 영국과 미국의 박애사업, 현재의 공공부조 및 사회복지서비스 등을 들 수 있다.

광의 개념으로 본 사회복지는 전체 사회구성원에 대한 전통적인 공공부조와 사회복지서비스 외에 소득, 건강, 주택, 교육, 고용 그리고 문화를 포함하여 생활의 다양한 측면에서 비복지를 해결하고 적극적으로 인간다운 삶의 질을 확보하려는 사회서비스들을 총칭하는 개념이다(조흥식 외, 2008: 38). 따라서 넓은 의미의 사회복지는 사회보장, 사회복지서비스, 사회사업 등이 모두 포함되는 개념이라고 볼 수 있다(Gilbert & Terrell, 2007: 22 - 3).

한국의 사회복지개념도 광의의 개념으로 보고 있다. 즉 사회복지를 질병, 장애, 노령, 실업, 사망 등의 사회적 위험으로부터 모든 국민을 보호하고 빈곤을 해소하며 국민생활의 질을 향상시키기 위하여 제공되는 사회보험, 공공부조, 사회복지서비스 및 관련 복지제도로 구분하고 있다(사회보장기본법 제3조 제1호).

그리고 한국의 경우 복지 관련 정부부처는 보건복지부, 여성가족부뿐만 아니라 노동부, 행정안전부, 국토해양부, 교육과학기술부 그리고 문화체육관광부 등에 광범위하게 걸쳐 있다.13)

미국사회복지사협회(NASW, the National Association of Social Workers)도 사회복지를 사회유지에 필수적인 사회적 · 경제적 · 교육적 · 보건의료적 욕구를 충족시키는 것을 돕는 국가의 프로그램, 급여, 서비스체계로서, 사회구성원 전체의 일반 복지에 관련된 광범위한 것이라고 규정했다(http://www.naswdc.org/).

로만신(Romanyshin)도 '빈민에 대한 복지로부터 복지사회로'를 주장하면서 대상을 전체 사회구성원으로 확장하고 있으며, 사회적 실천의 범주도 생활상의 광범위한 욕구에 대응하는 정책영역으로

---

13) 2010년 2월 정부조직법 개정으로 보건복지가족부가 보건복지부로, 여성부가 여성가족부로 변경됨.

그 범위를 넓히고 있다(백종만, 2006: 42 - 46).

길버트와 테르렐(Gilbert & Terrell)은 사회복지를 친척, 종교, 직장, 시장, 상호부조조직, 정부 등 6개의 기본적 사회제도들의 기능으로 파악하고 있다. 즉 친척은 친족 부양, 가족 간 경제적 지원 기능을, 종교는 종교적 신념에 입각한 건강, 교육, 사회복지서비스 기능을, 직장은 고용 관련 급여 기능을, 시장은 상업적 사회복지 상품과 서비스 기능을, 상호부조조직은 자조, 자원봉사, 비영리 사회복지서비스 기능을, 정부는 빈곤정책, 경제적 보장, 보건의료, 교육, 사회복지서비스 기능을 수행한다는 것이다(Gilbert & Terrell, 2007: 3 - 18).

또한 프리드랜더(Friedlander)도 대상을 전체 사회구성원으로 보고, 사회복지를 광의의 체계로 보고 있다. 즉 '사회복지는 사회구성원의 복지와 사회질서의 제대로 된 기능 수행을 위하여 기본적인 사회적 필요를 해결하기 위한 법, 프로그램, 서비스 등으로 이루어진 하나의 체계'라고 언급하였다(백종만, 2006: 31 - 38). 여기에서 기본적인 사회적 필요는 경제적 의미의 소득에 국한된 것이 아니라 건강, 주택, 노동, 여가 및 문화 등을 포함하는 것으로 볼 수 있으며, 이때 사회복지의 기능은 소수 취약계층에게 한정적으로 일시적인 지원을 의미하는 좁은 의미의 사회복지보다 훨씬 광범위하고 보편적인 영역으로 확장되어 있다.

따라서 사회복지는 국가별 상황을 고려하여 전체 사회구성원을 대상으로, 그들의 사회욕구를 충족하기 위한 법, 프로그램, 서비스 등으로 이루어진 일련의 체계라고 볼 수 있다.

둘째, 사회복지의 목적은 사회구성원 각자가 지닌 사회적, 재정적, 건강 및 여가요구를 충족하는 데 있다. 그러므로 모든 연령집단의 사회적 기능 향상을 도모한다고 볼 수 있다. 세부적으로는 인간다운 생활 보장, 자립적인 생활 추구, 사회통합 등이 그 예이다. 순서대로 설명한다.

인간다운 생활 보장이란 모든 국민이 인간다운 생활을 하도록 보장하는 것이다. 이는 생존권적 기본권을 의미하며, 1919년 독일 바이마르 헌법에서 처음 규정되었다. 원래 헌법상 기본권의 하나인 '사회적기본권(생존권)'으로부터 사회적기본권 중에서 가장 기본이 되는 '인간다운 생활을 할 권리'가 파생되고, '인간다운 생활을 할 권리'를 보장하는 구체적 수단이 '사회보장을 받을 권리(사회복지 수급권)'인 것이다. 사회적기본권(사회권, 생존권)의 헌법상 조항은 인간다운 생활을 할 권리(제34조 제1항), 사회보장·사회복지를 받을 권리(제34조 제2항), 생활보장을 받을 권리(제34조 제5항), 재해로부터 피해를 받지 않을 권리(제34조 제6항), 교육을 받을 권리(제31조), 근로의 권리(제32조), 근로3권(제33조), 환경권(제35조), 혼인·가족·모성·보건에 관한 권리(제36조) 등이다.

그리고 자립적인 생활 추구란 개인이 타인으로의 의존에서 벗어나 자기 스스로 삶을 영위하도록 하는 것이다. 따라서 공공부조제도나 사회보험제도를 통한 각 개인의 경제적 자립과 자기결정권을 포함하고 있다. 사회통합은 사회 구성원 간 또는 사회 내의 여러 집단, 단체, 기관들 사이에 서로 결속력을 갖도록 해 주는 것을 말한다. 사회복지는 요보호자를 사회에서 배제하려는 것이 아니라, 그들을 경제적으로 자립시키거나 신체적으로 재활시켜 사회통합을 이루려는 데 목적을 두고 있다.

셋째, 마지막으로 사회적 기업이 추구하는 목적과 사회복지와의 상호 관계는 다음과 같다. 유럽에서는 사회적 기업을 '사회적 목적을 가진 기업', '시민기업', '커뮤니티 비즈니스', '커뮤니티 복지기업'으로 표현하고 있다고 전술하였다(Evers, 2001: 296). 여기서 사회적 기업을 복지기업이나 시민기업으로 표현한 점은 사회적 기업이 사회복지와 연관이 있다는 점을 시사하고 있다. 그 이유는 복지기업은 복지를 지향하는 기업이고, 시민기업은 시민의 복지를 위한 기업이라고 설명할 수 있기 때문이다. 이 점이 바로 사회복지 분야에서 사회적 기업을 고찰해야 할 본서의 중요한 관점 중 하나이다.

또한 EMES 네트워크와 OECD는 사회적 기업을 '사회적 목적을 가진 기업'으로 정의하면서, 사회적 목적의 의미를 '사회적 소외와 실업에 혁신적인 해결책을 제시하는 것'이라고 보고 있다(OECD, 1999: 2, 5). 사회적 소외란 사회적 배제와 동일한 의미로서, 사회에서 보호받지 못하는 상황을 의미하며, 개인과 사회와의 단절과정을 지칭한다. 그 예로는 비숙련 노동자나 이민자들, 노동시장에 진입하지 못하는 청년실업자들, 사회로부터 고립된 일인가구, 노숙자 등이 있다(김안나 외, 2008: 22). 이러한 사회적 소외에 혁신적인 해결책을 제시한다는 의미는 그 대상자가 취약계층이므로 사회복지의 협의개념과 유사하고, 실업에 혁신적인 해결책을 제시하는 것은 대상이 취약계층과 전 국민이므로 사회복지의 광의 개념과 비슷하다. 또한 사회복지의 목적과도 일치한다.

드푸르니(Defourny)는 사회적 기업에 있어서 '사회적(Social)' 의미를 활동의 목적 차원에서 설명하고 있다. 즉 '사회적'이란 이윤을 만들어 내는 것보다도 구성원이나 지역사회에 공헌하는 것을 목적으로 한다는 것이다. 따라서 기업 활동에서 발생된 이익은 기업 활동을 위해 재투자되고, 조직을 통제하는 사람보다는 전체 구성원에게 이익이 되도록 사용해야 한다는 것이다(2001: 15). 구성원에게 공헌하는 부분은 취약계층이 구성원이므로 사회복지의 협의 개념을 이행하는 것으로 볼 수 있고, 지역사회에 공헌하는 것은 지역주민을 위하는 것이므로 사회복지의 광의 개념을 수행하는 것으로 생각할 수 있다.

영국의 통산산업부는 사회적 기업이란 사회적인 목적을 우선적으로 추구하는 기업이라고 정의하고 있다. 그리고 사회의 불공정(injustice)과 사회적 배제(exclusion)와 같은 문제를 극복하려는 목적을 달성하는 데 있어 사회적 기업이 중요한 역할을 한다고 믿고 있다(UK DTIc: 10). 즉 사회적 기업에 있어서 사회적인 목적이란 사회의 불공평과 사회적 배제를 극복하는 것으로 정의하고 있는 것이다.[14) 따라서 취약계층과 일반 국민을 대상으로 하므로 사회복지의 협의 · 광의 개념을 모두 포함하고 있다. 또한 사회복지의 목적과도 일치한다.

오스트리아에서는 사회적 기업을 사회적 배제에 맞서 대응하는 사회서비스 분야에서 활동하는 기업으로 보고 있으며, 특히 보육 분야의 서비스에 중점을 두고 있다. 보육 분야의 사회적 기업의 예로는 부모와 주간엄마들이 설립 · 운영하는 '비엔나 아동집단'과 '주간 부모센터'가 있다(Kai Leichsenring, 2001: 36 - 44). 따라서 보육에 취약계층인 부모에 대한 사회적 배제에 대응하기 위해 사

---

14) 불공정(injustice)이란 한편으로 치우치는 상태로서, 동일한 욕구를 가진 사람들에게 동일한 서비스를 제공하지 않는 것과 불리한 입장에 있는 사람들을 배려하지 않는 것을 말한다. 그 예로 빈곤과 교육 기회의 박탈 등을 들 수 있다. 사회적 배제(exclusion)는 전술하였다.

회적 기업이 보육서비스를 제공하는 것은 사회복지의 협의 개념과 같다고 볼 수 있다. 그리고 아동의 인간다운 생활 보장이란 사회복지의 목적과도 부합한다.

프랑스에서는 사회적 기업을 보육과 가정도우미 분야에서 '근접서비스(proximity service)'를 제공하는 기업으로 보고 있다. 기업의 예로는 부모의 참여로 이루어져 어린이의 사회화에 기여하는 '아동보육센터(childcare center)'와 노인과 도움이 필요한 사람을 위한 '가족도우미 조직'이 있다. 또한 사회적 기업의 근접서비스는 삶의 질을 향상시키는 새로운 서비스로 인식하고 있는 점이 특징이다 (Laville, 2001: 105 - 109). 그러므로 보육에 취약계층인 부모와 노인 등과 같이 도움이 필요한 사람을 위하여 사회적 기업이 근접서비스를 제공하는 것은 사회복지의 협의 개념과 같다고 볼 수 있다. 그리고 보육서비스와 가정도우미 서비스는 인간다운 생활 보장이란 사회복지의 목적과도 부합한다.

독일에서는 사회적 기업을 고용창출을 하는 기업으로 보고 있으며, 그 예로는 '사회적 고용 이니셔티브'와 '동독의 고용창출을 위한 민간단체', '기업형태의 사회적 기업' 등이 있다. '사회적 고용 이니셔티브'의 역할은 훈련과 단기취업을 위한 일자리를 만드는 기업이다. 그리고 '기업형태의 사회적 기업'은 기존의 기업에 장기 실업자를 위한 일자리를 창출하는 유형과 새로운 기업을 설립해 장기 실업자가 일정 비율을 점유하게 하는 형태가 있다(Adalbert Evers & Matthias Schulze - Bönig, 2001: 125 - 129). 따라서 독일에서는 사회적 기업은 고용창출이나 유지 측면에서 활동을 하므로, 사회복지의 광의 개념을 수행한다고 볼 수 있다. 또한 고용을 통해 인간다운 생활 보장, 자립적인 생활 추구, 사회통합이라는 사회복지의 목적을 지향한다고 볼 수 있다.

이탈리아의 사회적 기업은 '사회적 협동조합'이 대표적이다. 사회적 협동조합(social co - operative form)은 수혜자를 모든 지역사회나 지역사회 안의 소외된 사람들로 보고 있다. 또한 활동형태별로 A형은 건강과 사회적 및 교육적인 서비스를 제공하고, B형은 노동시장에서 배제된 사람들을 통합하는 업무를 수행한다(Carlo Borzaga & Alceste Santuari, 2001: 170 - 171). 사회적 협동조합이 서비스를 제공하는 것과 노동시장에서 배제된 사람들을 통합하는 업무는 사회복지의 협의 개념을 수행한다고 볼 수 있으나, 수혜자를 모든 지역사회로 보는 것은 사회복지의 광의 개념과 유사하다고 볼 수 있다. 그리고 인간다운 생활 보장, 자립적인 생활 추구, 사회통합이라는 사회복지의 목적을 지향한다고 볼 수 있다.

스웨덴은 사회적 기업으로서 '사회적 협동조합'을 예로 들고 있다. 사회적 협동조합의 임무는 노동시장으로부터 배제된 신체장애나 정신장애인을 위한 재활운동과 고용에 관한 것이다(Stryjan, 2001: 225). 따라서 사회적 기업은 사회복지의 협의 개념을 수행한다고 볼 수 있다. 그리고 인간다운 생활 보장이라는 사회복지의 목적을 지향한다고 볼 수 있다.

미국에서는 사회적 기업의 목적을 다음과 같이 정의하고 있다. 첫째로 로버츠기업개발재단(REDF)은 사회적 기업의 목적이 저소득자에게 경제적인 기회를 제공하기 위해 모험적인 사업으로써 수입을 창출하는 것이라고 정의하고 있다(Alter, 2004: 4). 저소득자에게 경제적인 기회를 제공하는 것은 사회복지의 협의 개념과 같다. 또한 사회적 기업 컨설팅업체인 버추벤처스(Virtue Ventures LLC)는 사회적 기업을 사회적 목적과 사회가치를 발생시키기 위해 만들어진 모험적인 사업으로 보고 있다. 여기서 사회적 목적이란 시장실패나 사회문제를 감소시키거나 완화시키는 것이라는 입장이다(Alter, 2004: 5). 시장실패는 빈곤과 서비스 제외자를 수반하므로 이를 감소시키거나 완화시키는 것은 사회복지의 협의 개념에 해당된다. 그리고 사회문제는 사회적 관심을 부르는 문제로서, 기존의 빈곤문제뿐만 아니라 새로운 노동문제, 주택문제 등을 포괄하는 개념이므로, 이를 감소시키거나 완화시키는 것은 사회복지의 협의와 광의 개념을 모두 포함한다고 볼 수 있다. 전술한 사회적 기업의 목적은 인간다운 생활 보장, 자립적인 생활 추구, 사회통합이라는 사회복지의 목적을 지향한다고 볼 수 있다.

한국에서도 사회적 기업의 목적을 다음과 같이 정의하고 있다. 우선 사회적 기업 육성법에서는 사회적 기업의 목적을 '취약계층에게 사회서비스 또는 일자리를 제공하여 지역주민의 삶의 질을 높이는 등'이라고 언급하고 있다(법 제2조 1호). 그리고 취약계층은 '자신에게 필요한 사회서비스를 시장가격으로 구매하는 데 어려움이 있는 계층'으로 정의하고 있다(법 제2조 2호). 또한 사회서비스는 '교육·보건·사회복지·환경 및 문화 분야의 서비스 그 밖에 이에 준하는 서비스로서 대통령령이 정하는 분야의 서비스'로 규정하고 있다(법 제2조 3호). 따라서 취약계층에게 사회서비스 또는 일자리를 제공하는 것은 사회복지의 협의 개념과 비슷하다.

(2) 실천적 측면

전술한 이론적인 고찰이 사회적 기업의 사회적 목적과 사회복지
와의 관계를 규명하였다면, 실천적인 고찰은 사회복지 분야가 사회
적 기업에서 실무적으로 활용되고 있는가를 검토하는 것이다. 이는
2가지 측면에서 살펴보기로 한다. 첫째는 사회복지 분야 관련자가
사회적 기업과 관련이 있는가 하는 문제이고, 둘째는 국가별로 현
재 사회적 기업이 사회복지의 어느 분야에서 활동하고 있는가를
살펴보는 것이다.

첫째, 사회복지 분야 관련자와 사회적 기업의 관련 유무는 프랑
스의 경우를 예로 들어 설명하기로 한다. 우선 사회적 기업 경영자
의 전공 분야를 살펴보기로 한다. 프랑스의 경우에는 사회적 기업
경영자 중에서 사회복지 관련 분야 등 전공자가 39%로 비율이 가
장 높고, 사회복지 비전공자라도 추가로 사회복지를 교육받은 사람
이 있다(OECD, 1999: 8)<표 2 - 2>. 따라서 사회적 기업 경영자
중에서 사회복지 관련 분야 등 전공자가 많다는 의미는 사회복지
분야에서 사회적 기업을 연구해야 할 필요성이 있음을 보여 주는
것이다. 그리고 사회적 기업 경영자의 경력 분야를 살펴보면, 사회
적 기업 경영자 중에서도 사회복지 분야 등 경력자가 48%로 가장
많다(OECD, 1999: 9)<표 2 - 3>.

이와 같이 사회적 기업가에는 사회복지학 출신과 사회복지 경력
자가 우위를 점하고 있어, 사회복지에서도 사회적 기업의 방향과
수준을 연구할 필요성이 존재한다고 판단된다. 그리고 사회복지학
출신으로 경영학 등을 추가로 교육받은 사실은 사회적 기업에서도

경영마인드의 필요성이 입증된다고 하겠다.

<표 2-2> 프랑스 사회적 기업 경영자들의 학력

최초 학력	수	%	추가 교육
특수 교육, 공동체 활동, 사회복지 활동, 상담, 심리학, 직업 훈련	60	38.5	30명(50%)이 추가 교육을 받음 28명: 회계/경영 2명: 기술
상업, 경영학, 경제학, 금융, 회계	35	23	5명(14%)이 추가 교육을 받음 4명: 사회복지 1명: 기술
기술 자격, 육체노동(목공, 전기, 토목)	44	29	20명(45%)이 추가 교육을 받음 7명: 사회복지 13명: 경영/회계
기타(건축, 언어, 인문학, 비서학, 법학)	14	9.5	
총계	153	100	

자료: OECD, 1999, 8.

<표 2-3> 프랑스 사회적 기업 경영자들의 직업 경력

중간 노동시장에서 활동하는 프랑스 사회적 기업 경영자들의 직업 경력	수	%
보건 및 사회 부문(사회복지사, 직업훈련가, 특수 교사, 복지 단체 경영자 등)	72	47.6
회사 이사, 경영자, 마케팅 간부	46	30.5
기술 거래(육체노동자, 기술자, 현장 주임, 기능공)	19	12.6
기타(예술가, 보험 대리인, 컨설턴트, 플래너)	14	9.3
총계	151	100

자료: OECD, 9.

둘째, 현재 국가별로 사회적 기업이 사회복지의 어느 분야에서 활동하고 있는가를 살펴보는 것이다. 그 이유는 사회복지 분야에서 활동하고 있는 각국의 사회적 기업을 고찰함으로써, 사회복지 분야에서 사회적 기업 연구의 필요성을 더욱 확고하게 제시할 수 있기 때문이다.

유럽의 국가 대부분은 노동통합을 위한 사회적 기업이 운영되고 있다. 그리고 보육서비스를 중점으로 하는 국가는 오스트리아, 벨기에, 프랑스, 이탈리아 등이 있다. 또한 지역사회(근접서비스)에 중점을 두는 나라는 벨기에, 덴마크, 아일랜드, 이탈리아, 스웨덴, 영국 등이다. 가정봉사를 강조하는 나라는 벨기에, 프랑스, 이탈리아 등이 있다(Borzaga & Defourny, 2001: 31-270).

이를 요약하면, 유럽의 사회적 기업은 처음에는 실업자와 취약계층을 위한 노동통합의 목적에서, 점차 사회서비스 전달과 지역사회 개발이라는 목적으로 확장되었으며, 최근에는 노동통합, 사회서비스 전달과 지역사회 개발을 복합적으로 수행하는 경향이라고 할 수 있다(엄형식, 2008: 311).

미국의 사회적 기업은 3가지 영역, 즉 실업자와 복지 수혜자들을 노동시장에 통합시키는 것, 취약한 도시와 농촌지역의 발전, 노인 돌보기와 '신종 빈민'을 위한 새로운 서비스로 활동하고 있다(OECD, 1999: 33-34).

이상 전술한 바와 같이 유럽과 미국의 사회적 기업은 사회복지의 협의와 광의 개념을 실천하고 있다.

2. 사회복지 분야에서 사회적 기업의 접목

첫째로 이론적인 고찰에서는 사회복지 개념 및 목적과 사회적 기업이 추구하는 목적과의 상호 관계를 국가별로 고찰하였다. 그 결과 사회적 기업이 추구하는 목적이 사회복지의 협의나 광의 개념 또는 양자를 포함하는 활동과 밀접한 관계가 있는 것으로 입증되었다.

둘째로 실천적인 고찰에서는 먼저 사회적 기업가에는 사회복지학 출신과 사회복지 경력자가 우위를 점하고 있어, 사회복지에서도 사회적 기업의 방향과 수준을 연구할 필요성이 존재한다고 판단되었다. 그리고 유럽과 미국의 사회적 기업은 사회복지의 협의와 광의 개념을 실천하고 있는 것으로 나타났다.

따라서 본서에서는 사회적 기업을 '취약계층의 복지뿐만 아니라 지역사회와 전체 계층을 포함하는 전 국민의 사회복지를 지향하는 모든 기업'으로 정의하고자 한다. 그 이유는 사회복지의 궁극적인 목적은 사회문제를 바람직한 방향으로 해결하는 것이며, 사회문제는 과거와 현재 그리고 미래의 불만족스러운 욕구의 표출로서, 지역사회나 계층에 있어서 구별 없이 발생하기 때문이다. 따라서 사회적 기업은 사회복지의 협의와 광의 개념을 실천하는 기업이라고 표현할 수 있다.

제3절 선행연구의 탐색과 시사점

1. 선행연구의 탐색

(1) 외국의 선행연구

최초의 사회적 기업의 연구로서 유럽연합의 'EMES 네트워크'에서는 1996~1999년의 유럽연합 15개국의 연구결과를 '유럽 사회적 기업의 출현(2001)'이라는 간행물로 저술하였다. 이 책에서는 사회적 기업의 등장 배경, 공헌, 활동영역, 제3섹터, 사회적 경제,15) 사회적 기업의 '사회적' 의미, 사회적 기업의 정의를 규정하고 있다. 특히 사회적 기업의 '사회적' 특징을 활동의 목적, 비상업적 자원, 특유의 조직방법 등 3개 차원으로 설명한 점은, 본 논고의 주장점인 사회복지 분야에서 사회적 기업을 연구해야 할 당위성을 제공하는 단서가 된다. 또한 사회적 기업의 개념을 4가지의 경제적 기준과 5가지 사회적 기준으로 정의한 점은, 본 연구의 운영기준으로 활용할 수 있다. 그리고 유럽연합 15개국의 사회적 기업을 상세하게 설명하고, 노동통합형 사회적 기업(WISE)16)에 대한 구체적인 분석결과와 경영관리의 필요성, 문제점, 향후 전망도 언급하고 있다. 그러나 기업의 발전단계와 유형의 구체적인 수치기준은 제시하지 못하고 있다.

OECD에서도 '사회적 기업(1999)'을 통해 사회적 기업의 기원과 개념, 형태, 특징 등을 소개하고 있고, 유럽과 미국의 사회적 기업에 대한 개념과 사례, 유형 등을 소개하고 있다. 특히 프랑스의 사회적 기업 경영자들의 학력과 경력이 사회복지 분야가 많다는 사실은 사회복지 분야에서 사회적 기업의 연구가 필요하다는 것을 입증하는 자료이다. 또한 사회적 기업의 활동 분야, 활동 방향, 자금조달도 강조하고 있다.

---

15) 사회적 경제는 기존의 시장경제와 다른 경제로서, 시장퇴출자를 배려하는 이타주의적 효용을 추구하는 경제이다. 상세한 사항은 후술한다.
16) 노동통합형 기업(WISE: work - integration social enterprises)들은 고용과 직업훈련 등을 통해 일자리 창출을 하는 기업이다. 상세한 사항은 후술한다.

영국 통산산업부(DTI a)의 '사회적 기업: 성공을 위한 전략'에서는 사회적 기업의 정의, 전략적 비전, 해결과제, 환경조성, 기업의 육성정책, 가치정립 등을 소개하고 있다. 그리고 '사회적 기업 진행 보고서: 성공을 위한 전략'에서는 시행 1년간의 성과, 환경조성, 가치 확립 여부 등을 언급하고 있다(DTI b). 또한 '영국의 사회적 기업 육성계획'에서는 사회적 기업이 중요한 이유와 성장을 위한 육성계획을 제시하고 있다(DTI c). 성장을 위한 육성계획에는 문화육성, 정보와 조언 제공, 자금조달, 정부와의 협력, 이행보장 관련 내용이 있다. 그러나 기업의 발전단계와 유형의 구체적인 수치기준은 제시하지 못하고 있다.

알터(Alter, 2004)는 사회적 기업에 대해 전반적인 내용을 소개하고 있다. 저자는 사회적 기업의 연속체로서, 수익창출활동을 하는 비영리기관, 사회적 기업, 사회적 책임기업, 사회적 책임활동을 하는 기업 등 4가지로 구분하고 있다.17) 또한 사회적 기업 유형을 사명지향 정도, 사업과 프로그램의 통합 정도, 운영모델 기준 등으로 구분하고 있다. 또한 사회적 기업의 구조와 방법론을 제시하고 있는 점이 특징이다. 방법론은 위험관리, 프로그램 전략, 재정 전략, 능력입안 전략, 문화적 전략 차원에서 설명하고 있으며, 운영모델의 예시도 언급하고 있다.

학자로는 EMES 설립을 주도한 벨기에 리에주대학 사회경제센터

---

17) 사회적 책임기업은 주주의 이익을 목적으로 하는 영리 기업이지만, 사회적 사명에도 목적을 두고 있는 기업으로, 이윤의 상당 부분을 사회적 목적에 사용할 뿐만 아니라 기업의 미션에 사회적 사명이 포함되는 경우가 많다. 사회적 책임활동을 하는 기업은 이윤 추구를 목적으로 하지만 사회 공헌 활동에 참여하는 기업으로, 경영상 이익을 위해 사회 공헌 활동을 전략적으로 활용한다. 그 예로는 직원 자원봉사, 기업 기부, 보조금 제공 등이 있다.

소장 자크 드푸르니(Defourny), 에버스(Evers), 스베틀리크(Svetlik), 페스토프(Pestoff), 폴라니(Polanyi) 등이 사회적 기업 개념과 유형 등을 소개하고 있다.

국가별 연구로는 드푸르니(Defourny)는 제3섹터에서 사회적 기업까지 소개를, 라빌(Laville)은 프랑스의 '근접서비스'를 발전시키는 사회적 기업을, 에버르스(Evers) 등은 독일의 사회적 기업과 중간 고용을 연구하였다. 보르자가와 산투아리(Borzaga & Santuari)는 이탈리아의 전통적인 협동조합에서 혁신적인 사회적 기업까지, 스피어(Spear)는 영국에 있어서 광범위한 영역의 사회적 기업을 소개하였다. 바치에가와 보르자가(Bacchiega & Borzaga)는 사회적 기업의 경제적 구조를, 에버스(Evers)는 사회적 기업의 기본구조와 다목적 사회자본의 중요성을, 라빌과 니상(Laville & Nyssens)은 사회적 기업을 사회경제적 이론의 접근방향으로 설명하고, 보르자가와 솔라리(Borzaga & Solari)는 사회적 기업을 위한 경영관리를 언급하였다(Borzaga & Defourny, 2009).

(2) 한국의 선행연구

한국에서 사회적 기업 관련 연구는 두 가지 특징을 보이고 있다. 첫째는 관련 단체와 연구가들이 사회적 기업과 사회적 경제의 기본적인 이론 정립을 위하여 활발하게 연구하고 있다는 점이다. 둘째는 그럼에도 불구하고 사회복지 측면에서 사회적 기업과 사회복지와의 관계설정이 없을 뿐 아니라 현실적으로 적용 가능한 사회적 기업 유형 제시가 미흡하고, 사회적 기업의 발전방향이나 운영기준에 따른 수준 연구에 대해서는 거의 찾아보기가 힘들다는 점이다.

한상진 외(2005)는 런던 사회적 기업 센터(SEL) 연구서에 언급된 영국 사회적 기업의 6가지 창업경로와 5가지 성장단계를 소개하고 있다.[18] 5가지 성장단계는 기업가적 회사, 혁신적 형태, 안정적 구조, 개조의 시기, 소멸의 순서로서, 사회적 기업의 일반적인 구조적인 변화를 도식한 것이다. 또한 사회적 기업의 조직형태를 기업가적 조직, 혁신적 조직, 생산자 조직, 생활양식 조직, 기성 조직 등 5가지로 소개하고 있다. 그러나 이는 각 조직의 형태를 언급할 뿐이고, 조직 간의 발전단계와 유형의 구체적인 수치기준은 제시하지 못하고 있다.

엄형식(2008)은 사회적 경제와 사회적 기업의 연혁 및 유형, 한국에서의 적용가능성, 유럽과 한국의 사회적 기업을 비교하여 발전에 대한 시사점을 제공하고 있다. 유럽 사회적 기업의 유형을 협동조합, 상호 공제조합, 민간단체, 사회적 기업으로 구분하고 있고, 한국 사회적 기업을 전통적 기업(농수협 등)과 새로운 기업(생협 등)으로 예시하고 있다. 그리고 일자리 제도에 참여하는 기관을 '사회적 기업으로 분류할 수 있는 기업'과 '가능한 예비 사회적 기업'으로 분류하여,[19] 사회적 기업 969개(17,367명)에 대해 업종별, 인원별, 존속기간, 취약계층 비율, 운영구조, 사업수입, 1인당 월수

---

18) SEL은 Social Enterprise London의 약자임. 6가지 창업경로는 기업매입, 자원부문 조직의 전환, 공공서비스 모델, 기존 조직에서의 분리신설, 그린필드, 커뮤니티(공동체) 개발이다. 그 린필드는 독자적으로 발전하는 새로운 사회적 기업이다.
19) 사회적 기업으로 분류할 수 있는 기업이란 현재 규정상 모두가 사회적 기업은 아니지만 사회 적 기업으로 전환될 수 있는 기업을 의미한다.

입 등을 조사한 점이 특징이다. 특히 존속기간, 취약계층 비율, 사업수입, 1인당 월수입 등은 현재 사회적 기업에 대한 기초 조사자료가 부족한 실정에서 운영수준을 제시할 근거가 될 수 있다고 본다. 또한 가능한 예비 사회적 기업으로 1,582개(24,969명)를 예시하여 향후 국가가 장려하는 예비 사회적 기업에 대한 정책과 기업의 운영수준을 추정할 수 있는 자료로 활용할 수 있다. 그러나 사회적 기업 유형과 발전단계, 발전단계별 운영수준은 밝히지 못하고 있다.

임혁백 외(2007)는 사회적 경제, 사회적 기업, 사회서비스, 사회적 일자리 관련 용어개념을 정리하였다. 그리고 국가별 사회서비스 유형을 공공서비스 모델(스웨덴), 보충주의 모델(독일), 자산조사-시장의존(영국), 가족주의 모델(이탈리아) 등 4가지로 구분하고 있다. 또한 유럽 사회적 기업을 목표에 따라 노동통합, 사회통합, 혼합형 사회적 기업 등 3가지로 제시하고 있다. 여기에 추가적으로 사회적 기업의 지속발전을 위한 핵심전략으로서, 다른 조직과의 네트워크 전략을 주장하고 있다. 하지만 사회적 기업 유형과 발전단계, 발전단계별 운영수준은 제시하지 못하고 있다.

장원봉(2005)은 사회적 경제의 체제 모형을 사회민주주의 모델(스웨덴), 조합주의 모델(독일), 자유주의 모델(영국), 제3부문 지배적 모델(이탈리아), 국가통제의 주변적 모델(한국)로 유형화하였다. 한국의 경우, 잔여적인 복지정책 내에서 정부주도하에 사회적 경제를 통하여 근로연계복지와 복지혼합을 전개하는 방식을 '국가통제의 주변적 모델'로 정의한 것이 특징이다. 그러한 이유로 시민사회 혹은 이해당사자들이 참여하는 '참여경제(participatory economy)'

를 한국 사회적 경제의 대안으로 제시하고 있다. 그러나 본서가 연구하고자 하는 한국 사회적 기업 유형과 발전단계에 대한 설명은 없다.

정선희(2004)는 사회적 기업을 3가지 유형으로 구분하고, 미국의 사례를 소개하고 있다. 첫째로는 사회적 목적의 비즈니스 기업으로, 세부적으로는 일자리 제공 기업, 직업훈련 등 사회적 임무를 수행하면서 수익사업을 하는 기업이 있다. 둘째로는 수익창출 비즈니스 기업으로, 세부적으로는 비영리기관이 운영비와 프로그램 조달을 위한 수익원으로 설립한 사업, 비영리기관과 관련이 없으나 이익을 사회적 목적에 환원하는 영리기업이다. 셋째로는 영리와 비영리 간에 파트너십을 이루고 있는 기업이다. 이 중 첫째와 둘째는 알터(Sutia Kim Alter)의 비즈니스/프로그램 통합분류와 같다.

조영복(2008)은 국가별로 사회적 기업의 대표 유형을 설명하고 있다. 프랑스의 사회연대경제, 독일의 협회 및 협동조합 조직군, 이탈리아의 사회적 협동조합, 폴란드의 협회 및 재단, 영국의 정부지원과 지역개발, 미국의 비즈니스 중심의 상업성 등이다. 또한 외국과 한국의 사회적 기업사례를 소개하고 있다.

이원재(2008)는 미국의 사회적 기업을 복지중시형 사회적 기업과 혁신중시형 사회적 기업으로 대별하고 있다. 복지중시형은 고용과 서비스 제공의 사회적 기업인 반면, 혁신중시형은 신기술(기술혁신)을 통해 사회문제를 해결하는 데 초점을 맞추고 있으며, 복지나 고용은 그 결과로 보는 모델이다. 이는 사회적 기업의 비즈니스 모델 측면에서 유용한 분류이다. 그 이유는 운영형태나 기업의 위상 등이 복지중시형과는 상당히 차이가 있기 때문이다. 그러나 사회적 기업의 새로운 경향으로 비즈니스 수익모델인 혁신중시형 사회적 기업을 소개한 점은 사회적 기업의 새로운 대안이다.

심창학(2007)은 사회적 기업의 범위를 법적 접근과 구조기능적 접근으로 제시하고 있다. 전자는 법적으로 인정된 기업만을 사회적 기업으로 인정한다. 반면 후자는 기능적 접근 방법과 구조적 접근 방법으로 사회적 기업을 인정하자는 것이다. 기능적 접근 방법은 설립 취지 및 목표, 사회적 기능 측면에서 보는 것이고, 구조적 접근방법은 조직의 성격, 구성원의 성격, 의사 결정 원칙 및 방법, 공적 기관 등의 외부 기관과의 관계에서 본 자율성 정도 등 조직 내부구조 관계에서 보는 것이다. 따라서 법적 접근에 비해 구조기능적 접근의 경우 사회적 기업의 인정범위가 넓다. 이는 사회적 기업을 협의 개념과 광의의 개념으로 구분할 수 있는 하나의 예시로 사용될 수 있다고 본다.

김경휘·반정호(2006)는 사회적 기업의 형태에 대해서 기존 연구는 개념에 따라 구분한 개념모형, 조직형태에 따른 조직모형, 범주형태에 따른 범주모형으로 구분하고 있다고 주장하고 있다. 그리고 이러한 기존 연구는 대부분의 모형들이 사회적 기업의 대략적인 영역만을 표기할 뿐, 고유한 특성이나 포괄 대상층에 대한 명확한 구분이 없다는 한계를 가지고 있다고 언급한다. 따라서 사회적 기업의 성격·형태·포괄 대상에 따라 공공부조형(Public Assistance Type, PAT), 지역사회친화형(Local Friendly Type, LFT), 시장친화형(Market Friendly Type, MFT) 등 3가지로 제시한다. 그러나 이는 기존 연구와 같이 공공부조형은 일자리 창출형과 유사하고, 지역사회친화형은 혼합형과 기능이 같고, 시장친화형은 영리적 성격과 비슷하다. 그리고 6가지 조건으로 비교 분석함에 있어서 기준이 되는 수치를 제시하지 못하고 추상적으로 도식화한 점이 한계이다.

노동부 a(2007)는 사회적 기업과 공공기관, 일반 기업, NGO의 협력체계 구축을 모색하는 관점에서, 사회적 기업의 태생과 관련하여 6모형을 추출하고 있다. 1모형은 자활공동체형 사회적 기업, 2모형은 대기업 지원형 사회적 기업, 3모형은 협동조합형 사회적 기업, 4모형은 복지기관중심 종합생활지원 사회적 기업, 5모형은 NGO주도 - 지자체 - 기업연계형 사회적 기업, 6모형은 지자체주도 - NGO 협력형 사회적 기업이다. 그러나 이 유형도 사회적 기업의 시작이 어떤 조직과의 연결로 시작되었는가를 보여 주는 태생 기준의 분류로 특징이 있을 뿐, 사회복지 차원의 기능적인 역할 제시에는 미흡하다.

그러나 사회적 기업의 정의나 사회적 기업 육성법 제정의 취지에 부합된다고 예상되는 기관과 그러한 사업을 시행했던 기관 712개에 대해서 일반항목, 사회적 기업에 대한 인식, 사회적 서비스항목 등 3부분으로 조사한 점은 예비사회적 기업을 파악할 수 있는 매우 가치 있는 조사로 인식된다. 그 이유는 712개 기관은 예비사회적 기업의 위치에 있기 때문에, 예비 사회적 기업에 대한 정확한 현황파악은 물론이고, 향후 사회적 기업의 전망이나 규모 등을 추정할 수 있는 자료로 활용할 수 있기 때문이다.

노대명(2008)은 사회서비스 확충정책에 대한 SWOT분석[20]을 하

---

20) 기업의 환경분석을 통해 강점(strength)과 약점(weakness), 기회(opportunity)와 위협(threat) 요인을 규정하고 이를 토대로 마케팅 전략을 수립하는 기법이다.

고 사회적 기업을 성격과 유형으로 구분하고 있다. 또한 사회적 기업의 문제점과 7가지 대안을 제시하고 있다.

노동부(2008)는 사회적 기업육성법에 의한 취약계층 일자리 제공 50%, 취약계층 사회서비스 제공 50% 기준으로, 사회적 기업을 일자리 제공형, 사회서비스 제공형, 혼합형, 지역사회 공헌형 등 4가지로 구별하고 있다. 그러나 한국의 사회적 기업이 도입기이고, 사회적 기업으로 전환할 단체가 증가예상 되므로 '예비 사회적 기업' 단계를 하나의 유형으로 제도화할 필요가 있다. 즉 사회적 기업 육성 기본계획(2008 - 2012)에서도 예비 사회적 기업의 지원책이 있으므로, 처음부터 예비 사회적 기업을 사회적 기업의 한 유형으로 인정하는 것이 타당하다고 본다.

'사회적 기업 육성법'에서도 취약계층을 대상으로 사회적 기업을 일자리 제공형, 사회서비스 제공형, 통합형 등 3유형으로 규정하고 있다(법 제2조 제1호, 제8조 제1항 제3호, 영 제9조 제1항).

노동부(2009)에서는 한국 사회적 기업의 외형적인 현황을 소개하고 있다. 먼저 한국 사회적 기업의 외형적인 현황을 보면, 인증된 사회적 기업 숫자는 2007년 52개, 2008년 166개로, 4차 인증결과 218개 기관이 인증되었다. 조직형태는 상법상 회사가 89개(41%), 민법상 법인이 52개(24%), 비영리단체가 38개(17%), 사회복지법인 28개(13%), 소비자생협 10개 순으로 다양하다. 유급근로자는 전체 6,565명으로 기관 평균 30명을 고용하고 있으며, 사회적 목적 실현유형으로는 일자리 제공형이 90개(41%), 혼합형이 63개(29%), 기타형이 35개(16%), 사회서비스 제공형이 30개(14%) 순이다(노동부, 2009: 11 - 12).

한겨레경제연구소(2009)는 한국 사회적 기업의 내적인 현황을 사회적 기업가의 철학과 의식을 5가지 측면에서 소개하고 있다. 특히 대학 전공별로는 사회복지학(20.3%) 전공자가 가장 많은 점은 사회복지에서도 사회적 기업을 연구할 필요성이 있다는 점을 시사하며, 경영지원과 독자적인 비즈니스 모델 발굴이 필요하다는 욕구는 사회적 기업에서도 반드시 복지마케팅이나 경영기법도 갖추어야 함을 의미한다(이화주, 2008: 최우성, 2008: 이현숙, 2008).

2. 선행연구의 시사점

선행연구를 탐색한 결과 첫째, 공통적으로 사회적 기업과 사회복지와의 관계설정이 없다. 그 이유는 연구자들의 분야가 사회학, 행정학, 경영학, 정치학 분야이고, 사회복지에서도 연구가 거의 되지 않은 이유로 판단된다. 따라서 사회복지 측면에서 사회적 기업과 사회복지와의 관계설정이 필요하다. 둘째, 발전단계별 운영기준도 거의 제시하지 못하고 있다. 셋째, 사회적 기업의 유형을 연구한 부분도 있으나, 각 유형의 발전단계는 거의 제시하지 못하고 있다.

본서에서는 영국, 미국, 한국의 사회적 기업의 발전단계와 유형을 고찰하고자 한다. 전술한 사회적 기업에 대한 외국과 한국의 선행연구에 대한 요약검토는 <표 2 - 4>와 같다.

<표 2-4> 사회적 기업 선행연구에 대한 요약검토

국가	학자(연도)	내용(주제)	분석 및 평가
외국	OECD(1999)	유럽과 미국의 사회적 기업 소개	기업의 발전단계와 운영수준을 위한 구체적인 수치기준은 제시하지 못하고 있음
	EMES 네트워크 (2001)	유럽연합 15개국 사회적 기업	기업의 발전단계와 운영수준을 위한 구체적인 수치기준은 제시하지 못하고 있음
	드푸르니 등	유럽과 미국의 사회적 기업 소개	사회적 기업연혁, 유형과 예 소개
	Alter(2004)	미국 사회적 기업 소개	사회적 기업 유형을 사명지향 정도, 사업과 프로그램의 통합 정도, 운영모델 기준 등으로 구분
	영국 통산산업부 (2007)	영국의 사회적 기업 소개	기업의 발전단계와 운영수준의 수치적인 기준은 제시하지 못하고 있음
한국	정선희(2004)	미국 사회적 기업 3가지 유형	기업의 발전단계와 운영수준의 수치적인 기준은 제시하지 못하고 있음
	한상진 외 (2005)	영국 사회적 기업 6가지 창업경로, 5가지 성장단계	조직 간의 발전단계와 운영수준의 수치적인 기준을 제시하지 못하고 있음
	장원봉(2005)	국가별 사회서비스 유형을 5가지로 구분	국가통제의 주변적 모델(한국)로 유형화
	김경휘, 반정호 (2006)	한국 사회적 기업 3가지 유형 제시	6가지 조건으로 비교 분석함에 있어서 기준이 되는 수치를 제시하지 못하고 추상적으로 도식화함
	임혁백 외 (2007)	국가별 사회서비스 유형을 4가지로 구분	한국 사회적 기업 유형과 발전단계, 발전단계별 운영수준은 제시하지 못함
	심창학(2007)	사회적 기업을 법과 구조기능적 접근으로 제시	사회적 기업을 협의 개념과 광의의 개념으로 구분할 수 있는 하나의 예시 제공. 드푸르니 구분을 준용함
	노동부a(2007)	사회적 기업 6모형 추출	사회복지 차원의 기능적인 역할 제시에는 미흡
	이원재(2008)	미국의 사회적 기업 2가지로 대별	사회적 기업의 새로운 경향으로 비즈니스 수익모델인 혁신중시형 사회적 기업을 소개
	조영복(2008)	국가별 사회적 기업 유형 설명	조직 간의 발전단계와 운영수준의 수치적인 기준을 제시하지 못하고 있음
	노대명(2008)	기업의 문제점과 7가지 대안	조직 간의 발전단계와 운영수준의 수치적인 기준을 제시하지 못하고 있음
	노동부(2008)	형행법상 4가지로 구별	법적인 근거 제공
	엄형식(2008)	한국: 전통적 기업과 새로운 기업으로 예시	'사회적 기업으로 분류할 수 있는 기업'과 '가능한 예비 사회적 기업'으로 분류
	노동부(2009)	외형적인 현황 소개	국가의 공식적인 외형자료
	한겨레경제연구소 (2009)	사회적 기업가의 내적인 현황 소개	사회적 기업가의 내적인 현황 자료

제3장

한국과 영국 및 미국의 사회적 기업 비교

제1절 사회적 기업의 분석틀

1. 분석의 대상국가

(1) 대상국가의 선정모델

사회적 기업 분석에 관해서는 영국, 미국, 한국의 3개 대상국가 중심으로 고찰하고자 한다. 그 이유는 각국의 사회적 기업의 유형이 달라 사회적 기업 정책도 상이하기 때문이다. 우선 사회적 기업의 발전모델은 크게 유럽형과 미국형 모델로 분류되고, 국가마다 사회적 기업으로 간주되는 조직의 종류와 활동의 사회 · 경제적 거버넌스 구조는 서로 다르게 나타나고 있다(홍석빈, 2009: 42 – 43).

사회적 기업 정책에 대한 특징을 2가지로 구별하면, 대륙권 유럽 국가들은 사회적 기업의 공공성과 국가적 개입을 강조하는 반면, 영미국가들은 개인주의적 전통에 의해 정부의 직접적 지원보다는 사회적 기업 자체의 자율성 및 독립성을 강조하는 성향이 강하다는 점이다(조영복, 2007: 49). 구체적인 설명은 다음과 같다.

첫째, 유럽형 모델은 법제도적 지원을 통해 취약계층 일자리 창출과 사회복지서비스 제공 등 사회적 혜택 확대에 초점을 두고, 지역사회 연계 중심의 비즈니스형태로 발전해 온 점이 특징이다. 이러한 유럽형 모델은 세부적으로는 영국식과 이탈리아식으로 나눌 수 있다.

우선 영국식은 복지민영화 방식으로, 정부의 개입은 최소화하되 사회적 기업이 영리기업 활동을 통해 취약계층지원과 사회복지서비스를 제공토록 하고 있다. 특히 영국정부의 사회적 기업에 대한 법적·제도적 지원은 체계적이며 포괄적이다. 이러한 영국식 모델 범주에 속하는 나라로는 프랑스, 독일, 벨기에, 룩셈부르크, 네덜란드, 아일랜드 등이 있다.

반면 이탈리아식 사회적 기업은 전통적인 협동조합 형태로서 구성원의 이익을 보다 우선적으로 중요시하며, 취약계층 고용창출과 사회복지서비스를 제공하는 형태로 성장해 왔다(홍석빈, 2009: 44-46). 특이한 사항은 이탈리아의 경우 유럽국가 중에서도 가장 활발하고 다양한 형태의 사회적 기업이 활동하고 있다는 점이다(OECD 대표부, 2006: 10). 이러한 이탈리아식 모델 범주에 속하는 나라로는 스웨덴, 핀란드, 스페인, 덴마크, 포르투갈 등이다(홍석빈, 2009: 46).

둘째, 유럽과는 달리 미국형 모델은 사회적 기업에 대해서 정부 차원의 명문화된 제도적 지원이 없다. 그러므로 사회적 취약계층을 지원한다는 공익적인 사명으로 영리적인 비즈니스를 하는 기업들은 모두 사회적 기업으로 분류되고 있다.

원래 미국의 사회적 기업은 비영리조직의 별도 영리사업법인 형태로 발전하였으나, 1990년대부터 영리와 비영리 간의 구별이 모호해지고, 결과적으로 사회적 가치 실현과 경제적 이익을 동시에 달성하려는 벤처기업들까지도 사회적 기업의 범주에 포함되고 있다. 또한 미국의 활발한 기부문화와 자원봉사는 사회적 기업 활동에 좋은 조건으로 작용하고 있다. 기부와 관련하여 사회적 기업도 민간재단으로부터의 기부를 투자유치(벤처자선, Venture Philanthropy)로 인식하고 있을 뿐만 아니라 이러한 투자유치가 미국 사회적 기업 활성화에 큰 기여를 하고 있는 것이다.

그리고 미국은 전 세계적으로 자원봉사활동이 가장 활발하여, 2003년 존스 홉킨스대 시민사회연구소 조사에 의하면, 전체 경제활동인구의 9.8%(유급상근인력 860만 명 규모)가 사회적 기업에 자발적 노동력을 직간접적으로 제공하고 있다(홍석빈, 2009: 44). 또한 사회적 기업의 태동은 근대 유럽에서였지만, 오늘날과 같은 형태의 사회적 기업은 미국의 성장과 더불어 발전해 온 점도 주목할 부분이다(홍석빈, 2009: 42).

셋째, 영국식 모델 범주에 속하는 프랑스는 '근접(지역밀착)서비스'를 발전시키는 사회적 기업으로 유명하다. 집단적 보육과 가정기반 보육 등의 보육, 가정도우미 등 제도는 사회복지 분야와 밀접한 분야이다(Laville, 2001: 102 – 104).

(2) 대상국가의 선정 필요성

앞에서 유럽형(영국식)과 미국형 모델 중에서 영국, 미국 중심으로 고찰하고자 하는 필요성은 다음과 같다. 첫째로 국가별로 사회적 기업과 관련하여 고유한 특징이 있다는 점이다. 영국의 경우는 정부의 사회적 기업에 대한 법적·제도적 지원이 체계적이며 포괄적이다. 또한 미국의 경우는 사회적 기업이 활발한 기부문화와 자원봉사로부터 도움을 받는다는 점과 오늘날과 같은 형태의 사회적 기업은 미국의 성장과 더불어 발전해 온 점을 들 수 있다. 둘째로 영국과 미국의 사회적 기업 숫자나 고용규모가 크다는 점이다. 숫자를 보면 영국은 2006년 기준 약 55,000개이고, 미국은 2005년 기준 약 1,600,000개이다. 그리고 사회적 기업의 고용률(전체 근로자 대비)은 영국은 2006년 기준 5%이고, 미국은 2005년 기준 4.4%이다(<표 3 - 1> 참조).

〈표 3-1〉 유럽 각국 사회적 기업의 현황

구분	영국	미국	이탈리아	프랑스
기업 수(개)	약 55,000('06)	1,600,000('05)	약 11,000('07)	약 8,400('07)
고용률(15세 이상 인구)	5%('06)	4.4%('05년)	5.2%('04)	7.0%('07)
고용인원	169만 명('97)	1,090만 명('95)	40만 명('09)	-
총매출의 GDP 비중	2%('06)	8.8%('95)	1.4%('04)	-

◇설명: ( )은 연도임. 기업 수는 당해 연도 추정치, 고용은 기준연도 고용인구 수/경제 활동인구 수, 총매출의 GDP 비중은 기준연도 총매출액/당해 연도 각국 GDP액으로 계산.
◇이탈리아의 경우 2009년 18,600개, 고용은 40만 명으로 추정되나, 각국 비교를 위해 2004년을 기준으로 함(자료: Loss, 2006:33 - 35, http://ilemonde.com/news/articleView.html?idxno = 387).
◇자료: 홍석빈, 2009: 46 수정인용. 미국은 Salamon, 2000: 38 - 9: Young & Steinberg, 2008: 64 수치임.

따라서 유럽형 모델의 대표로 영국을, 미국형 모델로 미국을 선정하고 한국의 상황을 고찰한 뒤, 분석틀에 의거하여 국가별로 비교한 후 분석하기로 한다.

2. 사회적 기업의 발전단계 비교

(1) 조직의 생애주기의 이론

발전단계의 비교에서는 3개국의 사회적 기업이 조직의 생애주기 중 어느 상황에 위치하고 있는가를 살펴보기로 한다. 이를 위하여 비교기준 근거로는 '조직생애주기(Organizational Life Cycle)' 이론[21]을 활용하고자 한다(김인수, 2002: 367‒71). 그 이유는 사회적 기업도 조직인 만큼 기업의 탄생부터 성장, 성숙 그리고 소멸되기까지의 조직의 생애주기에 따라 조직설계와 경영전략, 지원정책 등이 달라야 하기 때문이다. 또한 조직생애주기별로 발전단계별 사회적 상황과 중요 사건, 법과 제도 등도 고찰하고자 한다. 따라서 조직수명주기 이론을 주장한 학자들 중에서 사회적 기업에 가장 적합한 이론에 근거하여 외국 2개국과 한국 사회적 기업의 발전단계를 설명하고자 한다.

이와 같이 발전단계를 비교하는 것은 먼저 각국의 사회적 기업의 위상을 파악함으로써 선도적인 역할을 하는 국가를 알 수 있고, 이를 한국 사회적 기업의 발전모델로 활용할 수 있다는 점이다. 또

---

21) 조직생애주기 이론은 '조직수명주기'로 표현하며, 기업 측면에서는 'Corporate Life Cycle'로 언급하기도 한다. 이하 후술한다.

한 발전단계별로 다음 단계로 성장하기 위해 해결해야 할 문제점을 파악할 뿐만 아니라 단계과정을 거치는 동안에 조직의 특성을 파악하는 데 도움을 준다는 사실이다. 그리고 발전단계별 사회적 상황과 중요 사건, 법과 제도 등을 고찰함으로써 발전단계별 주요 요인을 파악하여 정책수립에도 영향을 줄 수 있다는 점이다.

조직생애주기 이론에 대해서 학자들의 주장은 다음과 같다(김인수, 2002: 367 - 71 재인용). 먼저 Miller와 Friesen은 조직은 5단계 — 생성기(birth), 성장기(growth), 성숙기(maturity), 부흥기(revival), 쇠퇴기(decline) — 과정을 거친다고 주장한다. 그리고 각 단계마다 환경, 전략, 구조 그리고 의사결정스타일에 있어서 기업이 어떻게 달라지는가를 제시하고 있다. 그리고 Lippit와 Schmidt는 조직의 성장단계를 탄생기(birth), 유년기(youth), 성숙기(maturity)라는 세 단계로 구분하고 있다. 이들에 의하면 조직은 성장의 각 단계로 진입할 때마다 해결해야 할 핵심과제와 그 과제를 해결하지 못했을 때의 결과를 제시하고 있다는 것이다. 또한 Scott는 조직이 소규모에서 출발하여 통합의 형태를 지니다가 분화의 단계로 발전해 간다고 주장하고 있다. 마지막으로 Quinn과 Cameron은 기존의 여러 학자들의 주장을 검토하여 4단계의 통합모형 — 창업 단계, 집단공통체 단계, 공식화 단계, 구조화 단계 — 을 제시하고 있다.

(2) 본서의 중점 생애주기 이론

본서에서는 Miller와 Friesen 모형과 Lippit와 Schmidt의 모형을 고려하여 조직생애주기를 사회적 기업에 적용하기 위하여 태동기,

성장기, 성숙기, 쇠퇴기로 구분하고자 한다.

여기서 사회적 기업의 역사를 3가지로 구분한 연구도 있다(엄형식, 2008). 즉 제1시기는 1970년 후반~1990년 초반으로, 제2시기는 1990년 중반~1990년 후반으로, 제3시기는 2000년 초반~현재로 구분한 것이다(엄형식, 2008: 108-11). 세부적으로 보면 제1시기의 특징은 서유럽의 대부분의 국가들에서 신사회운동의 영향,22) 개혁적인 성향의 종교 및 사회복지의 영향을 받은 민간활동들이 등장하였다는 점을 들 수 있다. 이러한 민간활동들이 사회적 기업의 활동을 의미한다. 제2시기의 특징은 각국에서 민간활동이 사회적 기업법으로 제도화되고, 사회적 기업 범주로 재구성되었다는 점이다. 제3시기의 특징은 사회적 기업이 서유럽에서 중동부 유럽으로 확산되었을 뿐만 아니라 유럽식 사회적 기업이 유럽 외부로 전파되기 시작된 점이 특징이다(엄형식, 2008: 108-11).

그러므로 본 연구에서는 제1시기를 태동기로, 제2시기를 성장기로, 제3시기를 성숙기로 보고자 한다.

따라서 본 연구에서는 Miller와 Friesen, Lippit와 Schmidt의 발달단계 구분 연구와 엄형식의 시기별 특성 연구를 토대로 태동기는 1970년 후반~1990년 초반으로, 성장기는 1990년 중반~1990년 후반으로, 성숙기는 2000년 초반~현재로 구분하여 분석해 보고자 한다.

---

22) 신사회운동은 사회가 산업사회로부터 후기산업사회로 전이되면서 발생했다. 신사회운동은 산업사회의 가장 주도적인 가치라고 할 수 있는 자본과 노동의 모순해결보다는, 삶의 질과 자율성을 강조하고 있다. 신사회운동의 대표적인 예는 환경운동, 여성운동, 반전반핵평화운동, 생태운동, 시민권운동, 대안적 협동조합운동, 대안적 문화공동체운동, 소수민족운동, 동물권리보호운동 등이 있다. 학자는 하버마스(Habermas), 오페(Claus Offe) 등.

3. 사회적 기업의 유형 비교

(1) 비교 선정국가

유형 비교의 기준이 되는 국가는 발전단계의 비교와 동일하게 유럽형은 영국, 미국형은 미국, 한국의 3개국을 대상으로 비교하기로 한다.

유형 비교에서는 조직의 종류와 각국의 중점활동을 비교하고자 한다. 먼저 조직의 종류는 각국의 사회적 기업이 공공형, 민간형, 혼합형 등 어떠한 형태로 운영되고 있는지를 고찰한다. 그리고 중점활동은 각국의 사회적 기업이 일자리 창출형, 서비스 제공형, 통합형 등 어느 유형에 중점적으로 활동하고 있는지를 살펴본다. 또한 중점활동 비교결과 각국의 사회적 기업이 역사적으로 어떠한 순서로 진행되어 왔는지를 도출하기로 한다.

또한 여기에서는 외국 사회적 기업의 사례를 국가별로 설명하기로 한다. 그 이유는 외국의 경우에는 이미 존재하고 있는 사회경제부문 조직들을 사회적 기업으로 지정 또는 인증함으로써, 지원을 강화하는 방식을 채택하였다. 즉 지원정책의 초점은 보다 많은 비영리민간단체들이 사회적 기업으로 전환할 수 있도록 한 점이다. 따라서 이 같은 각국의 사회적 기업 제도화의 역사는 한국에서도 사회적 기업에 대하여 활동 분야, 지원기준, 지원내용과 방식 등 지원정책 결정에 많은 시사점을 제공할 것이라고 판단되기 때문이다.

그리고 나라별 사회적 기업의 선정기준은 각국의 정책보고서나 단체나 개인의 연구보고서 등을 기준으로 가장 대표적인 사례를 설명하고, 그 외의 사례는 표로 제시하고자 한다.

　마지막으로 유형 비교를 조직의 종류와 각국의 중점활동을 기준으로 하여 각국의 발전단계를 도식화할 수 있다는 점이다. 이는 한국의 사회적 기업의 현 위치를 볼 수 있는 근거가 될 것이다.

(2) 조직의 종류

　조직의 종류는 각국의 사회적 기업의 운영형태가 공공형, 민간형, 혼합형인지를 파악하는 것이다. 여기서 공공형은 국가 및 지방정부(지자체) 중심으로 사회적 기업을 운영하는 이른바 국가주도의 사회적 기업 형태로 정의하기로 한다. 민간형은 국가지원을 받지 않고 사회적 기업 스스로 운영하는 순수 민간형태의 사회적 기업을 말한다. 혼합형은 국가와 사회적 기업이 연계하는 형태로, 공공형과 민간형의 혼합 운영형태이다. 그러므로 혼합형은 국가가 사회적 기업에 업무를 위탁하거나 업무를 위해 재정을 지원하는 형식을 띠고 있다. 그러므로 민간형은 미국식 사회적 기업형과 유사하고, 혼합형은 영국식 사회적 기업형과 비슷하다고 볼 수 있다.

　이와 같이 조직의 종류를 비교하는 것은 공공형, 민간형, 혼합형 등을 구분함으로써 한국 사회적 기업의 운영방향과 정책수립에도 도움을 줄 수 있다는 점이다. 만약 대다수 사회적 기업이 민간형이라면 자체 수익사업에 치중해야 한다는 의미가 된다. 반대로 대다수가 혼합형이라면 공공기관과 사회적 기업의 역할분담과 상호 관계가 중요하다는 것을 암시하는 것이다. 또한 공공형이 없다면 한국의 특성상 공공형을 개발하는 것이 필요함을 시사한다.

(3) 기업의 중점활동

기업의 중점활동은 각국의 사회적 기업의 목적이 일자리 창출, 서비스 제공, 통합형 등 중에서 어느 부분에 가장 주력하고 있는지를 밝히는 것이다. 또한 각국 사회적 기업의 목적의 진행방향을 파악하는 것이다.

그 이유는 국가별로 사회적 기업의 목적이 각국의 사회문제를 극복하기 위하여 정립된 것이므로, 한국에서도 유사한 사회문제라면 사회적 기업을 동일한 목적으로 진행할 수 있기 때문이다. 그리고 각국 사회적 기업 목적의 진행방향을 파악하여 한국 사회적 기업 진행방향도 제시할 수 있다는 가능성도 있기 때문이다. 즉 각국의 중점활동을 비교하는 것은 일자리 창출형, 서비스 제공형, 통합형 등이 어떠한 순서로 전개되었는지를 파악하여 한국에서도 하나의 지침으로 제공할 수 있다는 점이다.

세부적으로는 국가별 사회적 기업의 사례를 설명함으로써, 기업의 역할이 일자리 창출형 또는 서비스 제공형이나 통합형 등 어느 부분에 중점을 두고 있는지를 파악할 수 있고, 이를 통해 한국 사회적 기업의 모형을 도출하기 위한 기초적인 근거로 사용할 수 있기 때문이다. 또한 각각의 사회적 기업 취지, 연혁, 활동영역과 내용, 활동효과, 장단점을 파악하여, 한국 사회적 기업의 현실적인 운영모델로 제시할 수 있는 실무적인 이유도 있다.

여기서 일자리 창출형은 노동통합 사회적 기업(WISE)과 같이 취약계층을 대상으로 취업 및 훈련 기회를 제공하는 것을 말한다. 즉 여기서 취약계층은 정신지체 장애인, 노숙자, 장기실직자 등을 의미하며, 이들은 주된 비즈니스에서 고용할 수 없거나 또는 고용하지 않는 계층이므로 이들을 위해 보조적인 비즈니스 환경인 사회적 기업에서 취업제공 및 각종 훈련의 기회를 제공해야 한다는 것이다(Aiken, 2006: 24 - 5).

그리고 서비스 제공은 취약계층을 위하여 서비스 등 기타 제공을 주도적으로 활동하고, 일자리 창출을 부수적으로 활동하는 것을 의미한다. 여기서 취약계층의 개념은 창출과 동일하다. 또한 통합형은 '취약계층을 위하여 일자리 창출과 서비스 등 기타 제공을 같은 비중으로 수행하는 것'이다.

제2절 사회적 기업의 발전단계 비교

1. 영국

(1) 태동기

사회적 기업의 발단단계에 대한 Miller와 Friesen, Lippit와 Schmidt, 엄형식의 연구를 기초로 하면 영국의 사회적 기업 발달 단계는 태동기는 1970년 후반~1990년 초반으로, 성장기는 1990년 중반~1990년 후반으로, 성숙기는 2000년 초반~현재로 구분할 수 있다.

영국에서의 사회적 기업 등장배경은 2가지로 볼 수 있다.

첫째, 17세기부터 시작된 자선 및 박애주의 운동의 전통이다. 이러한 전통은 현재에는 기업 활동을 영위하는 소규모 공동체나 자원봉사 조직으로 연결되고 있다.

둘째, 19세기 초부터 시작된 사회운동과 캠페인이다. 이러한 연혁적인 특성 때문에 사회적 기업은 다른 유럽국가와는 달리, 단편적으로 성장한 임시적인 성격이 강한 복지 모델로 볼 수 있다(Aiken, 2006: 23 - 24). 19세기 초부터 시작된 사회운동과 캠페인을 연대별로 살펴보면 2가지로 나누어 살펴볼 수 있다.

우선 1844년에는 소비자 협동조합 운동의 시발점인 로치데일 선구자(Rochdale Pioneers)는 첫 번째 상점을 열고 지역주민들에게 양질의 식품을 저렴한 가격에 제공하였다. 그 이유는 근로자들이 부당한 가격을 좌지우지하던 당시 공장주들과 점포 소유주들에 맞서기 위함이었다.

그리고 1960년대에 웨스트웨이 신탁(Westway Trust)은 노동자 계층 지역사회의 중심을 관통하는 고속도로에 대한 항의로 시작되었다. 또한 1970년대 스코틀랜드 지역사회 기업 운동은 농촌 및 도시환경에서의 기회 부족에 대응하여 일어났다. 따라서 1970년대부터 일부 노동자협동조합, 신용조합, 지역사회 상점(community shop), 개발신탁, 지역사회 비즈니스 운동, 노동 통합(work integration) 사회적 기업 운동 등 새로운 '사회적 경제' 운동이 시작되었다(Aiken, 2006: 23 - 24). 이와 같은 사회적 경제 운동의 목적은 불우한 처지에 처한 사람들에게 자력 구제 안전망을 제공하기 위한 것이었다.

사회적 기업 관련법으로는 회사법과 산업공제조합법이 있으며, 1992년 이후에는 자선사업법의 적용도 받을 수 있었다(Spear, 2001: 254 - 5). 그리고 사회적 기업은 민간조직으로, 활동은 일자리 창출, 즉 노동통합이 목적이었다.

(2) 성장기

성장기에 있어서 사회적 기업에 대한 영국정부의 현 정책 기조
는 1997년 중도좌파 노동당 정부로부터 시작된다고 볼 수 있다. 유
럽에서 사회적 기업이 가장 발달한 영국은 사회적 기업 담당 행정
기구와 법률을 토대로 전략적 육성계획을 수립·시행하였다. 그리
고 사회적 기업 정책의 특징은 중앙부서를 중심으로 사회적 기업
육성을 위한 조직체계가 잘 정비되어 있을 뿐만 아니라, 사회적 기
업의 설립과 운영모델을 창출하도록 정부가 적극적으로 추진하였
다는 점을 들 수 있다(노동부, 2008: 10 - 11).

이 시기의 사회적 기업 고용인원은 169만 명(1997년)으로 추정
되고 있다. 따라서 이 시기는 노동당 정부의 주도로 사회적 기업
활성화를 위한 새로운 기회를 제공한 시기로 볼 수 있다(엄형식,
2008: 114).

또한 1996년부터 1999년까지 사회적 기업 연구네트워크(EMES)
에 의해서 영국의 사회적 기업 연구가 체계적으로 진행되어 노동
자협동조합, 사회적 협동조합, 장애인 파견 자선회사, 공제조직, 상
품거래의 자선조직, 중간노동시장, 커뮤니티비지니스, 지역사회조직
등이 사회적 기업으로 정의되었다(Spear, 2001: 253 - 68). 그리고
사회적 기업은 민간조직으로, 활동은 일자리 창출, 즉 노동통합 성
격이 강하다.

(3) 성숙기

성숙기에는 2005년 지역공동체 이익회사법이 제정되었고, 사회적 기업의 수가 55,000개(2006년), 고용률(15세 이상 인구)은 5%('06), GDP 대비 총매출의 비중은 2%(2006년) 정도이다(홍석빈, 2009: 46).

이 시기의 영국 사회적 기업 정책을 이해하기 위해서는 먼저 2005년 7월 제정된 지역공동체 이익회사법(CIC)[23]의 제정배경과 의의, 특징, 내용을 이해하는 것이 중요하다. 순서대로 설명한다.

먼저 제정배경을 살펴보면, 우선 영국에서는 2004년까지 사회적 기업을 규율하는 특별한 규정이 없었을 뿐만 아니라 사회적 협동 조합 또는 자선단체 등에 적용되는 법도 없었다(OECD 대표부, 2006: 16). 그럼에도 불구하고 노동당정부는 사회적 기업을 지역사회 발전을 위한 주요 파트너로 결정하고 체계적인 지원과 육성을 위한 전략을 실천하려 했으나, 적절한 법적 지위가 없는 사회적 기업의 활동이 있음을 파악하고 지역공동체 이익회사법이 필요함을 인식하게 된 것이다.

따라서 이 법의 의의는 사회적 기업 활성화 정책의 일환으로 추진된 제도로서, 노동당 정부의 종합적인 전략으로 설계되었다는 데 그 의의가 있다.

그리고 이 법의 특징은 지역사회를 기반으로 지역사회 발전이나 사회서비스 전달에 참여하는 비영리적 조직에 상법상의 지위를 부여한 점이다(엄형식, 2008: 111).

---

23) 지역공동체 이익회사법(CIC)은 Community Interest Company의 약자로, 공동체 이익회사 법(OECD 대표부), 공동체 이익기업법, 공동체 기업법(사회투자지원재단) 등으로 번역되어 사용되고 있다.

마지막으로 법 내용은 일정 한도의 수익배분 원칙, 공공기관에 의한 감독, 각종 보고의무, 수혜자에 의한 평가 등이다(OECD 대표부, 2006: 16). 이 같은 지역공동체 이익회사법(CIC) 내용을 간략히 설명하면 다음과 같다(사회투자지원재단 b, 2009: 11).

첫째로 지역공동체 이익회사는 사회적 기업을 위해 특별히 고안된 형태로서, 2005년 7월부터 영국의 사회적 기업은 지역공동체 이익회사라는 별도의 법적 신분을 택할 수 있다. 둘째로 지역공동체 이익회사는 사적인 자산·영업 양도로부터 기업을 보호하고, 회사의 이윤과 자산을 공동체의 이익을 위해 사용한다. 셋째로 일부 제한 조건에도 불구하고 주식을 발행해 투자를 유치할 수 있다. 넷째로 자선단체와 같은 세금감면 혜택을 받을 수 없는 대신 의무가 많은 자선기관과 달리 많은 의무에서 자유로워진다. 다섯째로 지역공동체 이익회사에 대한 법적인 제한이 완화되고 규제가 상대적으로 적으므로, 사외이사의 구성이나 민주적 지배형태의 실행 여부가 자유로워 자선단체보다 더 유연한 관리 방식을 취할 수 있다. 여섯째로 투자자와의 계약 정도에 따라 매년 보고서를 제출해야 한다. 결론적으로 지역공동체 이익회사법의 도입 취지는, 가장 필요한 곳에 새로운 서비스를 제공하고, 기업가 정신과 사회적 목적을 결합하는 것이다.

사회적 기업 담당부서는 원래 환경·교통·지역부(Department of Environment, Transport and the Regions. DETR)와 통상산업부 (Department of Trade and Industry. DTI)이었으나(노동부, 2007), 2001년 환경·교통·지역부는 교통지방정부부(部)로 변경되고, 2006년부터는 관련 부서를 통합하여 내각사무처(Cabinet Office)

제3섹터청(Office of the Third Sector, OTS)에서 총괄하고 있다(장지원, 2007).

그리고 지원 측면을 살펴보면 다양한 단체들이 사회적 기업을 지원하고 있다. 자금지원의 경우, 피닉스 펀드, Co-operative Action, Charity Bank 등이 사회적 기업, 영세기업, 지역개발단체 등에 자금을 지원하고 있다. 이 외에도 Social Firms UK, Community Action Network, Social Enterprise London, 개발신탁협회(Development Trusts Association) 등이 사회적 기업을 측면에서 지원하고 있다(OECD 대표부, 2006: 16).

사회적 기업정책 측면을 보면 현재 영국의 사회적 기업정책은 크게 4가지로서, 문화육성 정책, 사회적 기업가에게 올바른 정보와 조언을 제공하는 정책, 자금조달 지원정책, 사회적 기업과 정부 간의 협력 지원정책이 있다. 먼저 정책의 내용을 순서대로 설명하고, 이어서 정책과 관련한 기업의 예를 언급하기로 한다.

첫째, 사회적 기업의 문화육성 정책이다(UK DTI c 2007: 28-37). 이 정책의 목적은 많은 국민에게 사회적 기업을 홍보하여 상업적인 성공과 사회적 또는 환경적 이익을 동시에 달성할 수 있음을 보여 주려는 것이다. 이를 위한 방법으로는 4가지로서, '증거수집', '인식제고', '교육을 통한 인식제고', '다른 기업 사이에서 사회적 기업에 대한 인식제고'가 있다.

이 같은 개념을 부연 설명하면 '증거수집'은 기업의 현황과 규모 파악, 품질 및 영향력 평가 등을 조사하는 것이다. '인식제고'는 신규 사회적 기업자를 유치하는 방법이다. 그 이유는 사람들은 자신과 비슷하면서 성공적으로 사회적 기업을 운영하는 사람들로부터 큰 영감을 받기 때문이다. '교육을 통한 인식제고'는 학교에서 젊은이에게 기업교육을 하는 것이고, '다른 기업 사이에서 사회적 기업에 대한 인식제고'는 일반기업과 사회적 기업의 상업적 협력을 의미한다.

각각의 예를 살펴보면 먼저 '증거수집'을 위한 정책의 실제례는 사회적 기업인 '사회적 기업 파트너십'이 사회적 기업의 품질 및 영향력 평가도구인 'Proving and improving(a quality and impact toolkit for social enterprise)'을 제작할 때 통상산업부와 평등 프로그램이 지원한 경우가 있다. 다음으로 '인식제고'의 경우로는 '엔터프라이즈 인사이트(Enterprise insight)'가 14~30세의 청년층을 사회적 기업으로 유도하기 위한 캠페인을 펼친 예를 들 수 있다.

그리고 '교육을 통한 인식제고'의 예로는 학교에서 시행하는 기업교육(Enterprise Education)이 있으며, 기업교육을 통하여 기업의 재정능력 개선과 기업능력을 향상시키는 것이다. 기업능력은 혁신, 창의성, 위험관리와 위험감수, 추진력을 의미한다. 또 다른 예로는 '졸업생 기업가교육 국가위원회(National Council for Graduate Entrepreneurship: NCGE)'도 있다. 이 사회적 기업은 고등교육에서 기업가 정신의 위상을 높이고, 창업을 위해 활동하는 학생과 졸업생의 수를 늘리기 위해 2004년에 설립되었다.

마지막으로 '다른 기업 사이에서 사회적 기업에 대한 인식제고'를 위한 정책의 실제례는 '그린웍스'이다. 그린웍스는 대기업과 정부 부처에서 충족하고 남거나 필요 없는 사무용 가구를 수거해 합리적인 가격으로 학교, 자선단체, 지역사회 그룹, 신생 기업 등에 제공하는 사회적 기업이다.

둘째, 사회적 기업가에게 올바른 정보와 조언을 제공하는 정책이다(UK DTI c 2007: 38 - 41). 분야는 기술적 조언이나 경영지원으로서, 자금조달, 마케팅, 조직관리, 맞춤식 교육 등이다. 이를 위해 정부는 지역개발기구가 관리하는 중소기업들을 위한 정부자문 서비스인 '비즈니스 링크(Business Link)'를 제공하고 있다.

비즈니스 링크는 개별기업에 필요한 정보 제공, 개별기업이 필요로 하는 사항을 진단, 전문적인 도움을 제공하는 가장 적절한 공급자로부터의 지원을 중개한다.

이 같은 정책의 사회적 기업 예로는 '사회적 기업 이스트미들랜드'를 들 수 있다. 사회적 기업인 이스트미들랜드(Social Enterprise East Midlands, SEEM)는 이스트미들랜드 개발기구(East Midlands Development Agency, emda)와 지역 비즈니스 링크 운영자들과 제휴하여 이스트미들랜드 전역에 전문적인 정보, 진단, 중개서비스를 시범 실시했다.

셋째, 자금조달 지원정책이 있다. 자금조달 방법은 타인자본 조달과 자기자본 조달방법으로 나누어 볼 수 있다. 타인자본 조달에서는 안정된 사회적 기업은 은행이나 재단 또는 지역개발금융기관(community development finance institution, CDFI)이 제공하는 다양한 외부자금 조달수단을 사용할 수 있다. 자기자본 조달의 경우에는 소유권 지분이 없는 방식으로 민간투자나 신규투자를 유도할 수 있다. 이는 민간이 CDFI를 통해 투자 시 정부가 세금감면 혜택을 제공하는 것이다.

자금조달 지원정책의 예로는 먼저 정부가 피닉스 기금을 통해 대부분 사회적 기업인 지역개발금융기관의 설립과 발전을 지원함으로써, 이 단체들이 빈곤지역의 기업 및 사회적 기업들에 대한 자금 공급을 늘릴 수 있게 된 점을 들 수 있다. 다음으로는 '셋 스퀘어드 파트너십(SET squared Partnership)'이라는 단체를 들 수 있는데 이 단체는 2002년에 설립되어 200개 이상의 벤처기업을 지원하였다(UK DTI c 2007: 42-48).

넷째, 사회적 기업과 정부 간의 협력 지원정책이다. 영국정부는 이 정책을 2가지 차원으로 전개하고 있다. 하나는 정부와의 계약에서 사회적 기업에 방해가 되는 요인을 제거하는 것이고 또 하나는 공공정책의 여러 분야에서 정부와 사회적 기업 간의 제휴를 유도하는 것이다.

전자의 예로는 사회적 기업들이 공공부문 계약을 수주하도록 돕는 프로그램 등 툴킷(toolkit) 제공, 정부조달기관의 공급자 다변화에 대응할 수 있는 사회적 기업 측의 구매자 훈련, EU가 재정 지원하고 사회적 기업이 실시하는 프로젝트 등이 있다.

후자의 예로는 2012 런던 올림픽과 장애인 올림픽에서 사회적 기업들이 올림픽 파트너들과 협력관계를 유지하는 것이다. 즉 올림픽을 활용해 사회적 기업을 통해 실업자를 고용하는 방법이다. 이는 올림픽 경기에 있어서 경제, 사회, 보건 및 환경적 혜택을 극대화하기 위해서는 사회적 기업의 역할을 인정하는 것이다(UK DTI c 2007: 49-61).

이러한 협력 지원정책에서 정부와의 계약에서 사회적 기업에 방해가 되는 요인을 제거하는 실제의 예로는 포털사이트인 '서플라이2(Supply2.gov.uk)'가 있다. 서플라이2에는 정부기관의 10만 파운드 이하의 모든 계약이 공시되므로, 사회적 기업을 포함한 모든 형태의 기업들이 중앙 및 지방정부와의 계약에 대한 정보를 얻을 수 있다.

그리고 정부와 사회적 기업 간의 제휴를 유도하는 예로는 먼저 사회적 기업인 '해크니지역 교통'을 들 수 있다. 1982년에 설립된 해크니지역 교통(Hackney Community Transport: HCT)은 런던교통공사와의 계약에 따라 일반버스 운행, 학습장애를 가진 특수 교육이 필요한 사람들이나 보육서비스가 필요한 사람들을 위해 여러 런던 자치구에서 운영되는 교통서비스 그리고 리즈 장애인 이용버스 서비스(Leeds Access Bus Service)를 제공하고 있다.

또한 '리사이클링 언리미티드(Recycling Unlimited)'도 있다. 이 기업은 다양한 배경을 가진 사람들에게 목공업, 목수일, 소매업, 정원 가꾸기 및 원예와 같은 직업 기술을 훈련하고 직업경험을 제공하고 있다(UK DTI c 2007: 49 - 61).

앞에서 언급한 4가지 사회적 기업 정책과 그에 따른 성과지표 측정방법은 <표 3 - 2>와 같다. 이 같은 성과지표 측정방법은 한국의 사회적 기업 정책평가에도 하나의 기준으로 활용할 수 있다고 판단된다.

〈표 3-2〉 4가지 사회적 기업 정책과 성과지표 측정방법

기업 정책	사회적 기업 문화육성	올바른 정보와 조언의 제공	적절한 자금 조달 지원	사회적 기업과 정부의 협력
성과 지표 측정 방법	고용과 인지도를 통한 사회적 기업에의 참여 수준	사회적 기업의 비즈니스 링크 이용률 및 만족도 측정	사회적 기업의 자금 조달 현황을 그에 상응하는 일반 기업들의 표본과 비교	사회적 기업/제3섹터 단체들의 정부조달 경험을 평가

자료: UK DTI c 2007: 62 수정인용.

영국의 사회적 기업은 대부분 규모가 작고 복잡한 법체계하에 활동하므로, 영국정부는 각종 규제, 세금, 행정집행구조가 사회적 기업의 발전과 성장을 가로막지 않도록 정책을 추진하려고 노력하고 있다. 영국에서 법적으로 규정이 가능한 사회적 기업의 조직형태는 <표 3 - 3>과 같다(사회투자지원재단 b, 2009: 7 - 8).

〈표 3-3〉 영국 사회적 기업의 조직형태

◇ 자선단체(Charities)
◇ 비법인 단체(Unincorporated Organization)
◇ 신탁증서에 의해 운영되는 비법인 신탁(Unincorporated Trust, Governed by a Trust Deed)
◇ 합명회사(Partnership)
◇ 산업 공제조합(Industrial and Provident Society)
- 선의의 협동조합(Bona Fide Co - Operative): 조합원의 이익뿐 아니라 공공복리를 위해 존재하는 협동조합
- 공동체 이익을 위한 조합(Society for the Benefit of the Community)
◇ 회사(Company)
- 유한책임회사(Limited by Guarantee)
- 주식회사(Limited by Shares): 유한회사(Private Company)와 공기업(Public Company)을 포함
◇ 합자회사(Limited Company Partnership)

자료: 사회투자지원재단 b, 2009: 7 - 8.

최근에는 지역의 사회적 기업들이 이웃의 경제적 번영을 향상시킨다는 특정 목적을 가지고 빈곤계층 및 취약계층을 중심으로 운영하는 추세를 보이고 있다. 자원봉사 영역도 보다 혁신적이면서 기업가적으로 변화해 가고 있으며, 자원봉사 조직들이 공공서비스 전달에 있어서 중요한 역할을 하고 있다. 앞에서 설명한 영국의 발전단계별 주요 특징을 구분하면 <표 3 - 4>와 같다.

<표 3-4> 영국의 발전단계별 특징

구분	태동기	성장기	성숙기
시대의 특징	지역사회단위로 문제 발생	체계적인 사회적 기업 연구 진행(EMES)	사회적 기업 육성 필요성 인식
관련법 유무	회사법, 산업공제조합법, 자선사업법	회사법, 산업공제조합법, 자선사업법	지역공동체 이익회사법
기업의 목적	일자리 창출, 노동통합	노동통합, 서비스 제공,	서비스 제공, 통합형
정부의 지원	정부지원은 없음	전략적인 육성 시작	정부 차원의 기업정책
기업의 수	-	-	55,000개(2006년)
고용률	-	-	5%(2006년)
GDP 대비	-	-	2%(2006년)

2. 미국

(1) 태동기

사회적 기업의 발단단계에 대한 Miller와 Friesen, Lippit와 Schmidt, 엄형식의 연구를 기초로 하면 미국의 사회적 기업 발달 단계는 태동기는 1970년 후반~1990년 초반으로, 성장기는 1990년 중반~1990년 후반으로, 성숙기는 2000년 초반~현재로 구분할 수 있다.

사회적 기업이 탄생된 정책적인 배경을 살펴보면, 원래 미국은 미국정부 지원하에 비영리기관을 중심으로 일자리와 수익을 창출하는 사업들을 행해 왔으나, 1960년대 '빈곤과의 무조건적인 전쟁(unconditional war on poverty)'[24]이 끝난 후에는 정부가 비영리기

---

24) 빈곤과의 무조건적인 전쟁(unconditional war on poverty)은 1964년 존슨(Johnson) 대통령이 선포한 사회복지정책으로, 그 내용은 1965년 초등 및 중등교육법, 식품권 프로그램, 노인에 대한 의료보험(medicare)제도, 빈곤층에 대한 의료보호(medicaid)제도, 직업훈련 프로그램이었다. 그리고 이 시대의 빈곤치료의 주요 전략은 치유적 전략으로서, 빈곤층의 자립과 자활을 도와주는 전략을 사용하였다(빈곤퇴치연구포럼, 2008: 186-188).

관에 대한 지원을 축소하기 시작하였다. 가장 큰 수익의 원천이었던 정부의 지원금이 줄면서 비영리기관은 재정적 불확실성을 타개하기 위해 상업적인 수익창출 사업에 관심을 두었다. 즉 시장지향적인 경제활동을 통해 조직이 추구하는 사회적 사명을 실현하려는 것이다. 이 시대에 있어서 비영리기관의 사회적 사명은 주로 빈곤층을 지원하는 것이었다(Defourny, 2006: 4 - 5, 김정원, 2009: 60 - 61).

미국의 사회적 기업형태의 기원은 1970년대에 소외된 지역을 되살리기 위해서 구상된 지역사회 개발로부터 시작되었다.25) 이 지역사회 접근법은 점차 높은 관심을 받게 되었고 1995년에는 애니 E. 케이시와 록펠러 재단을 비롯한 여러 재단과 주택도시개발부가 협력하여 사회적 자본에 큰 비중을 둔 지역사회 접근법에 대한 이해를 높이고 이를 확산하기 위한 프로젝트를 개발했다(OECD, 1999: 34).

1980년 이전에도 유럽이나 미국에서도 사회적 기업형태는 유지되고 있었으나, 사회적 기업이라는 용어는 1980년 카터정부의 환경보호국 부국장을 지낸 미국 빌 드레이튼(Bill Drayton)이 사회적 기업가들(Social Entrepreneurs)이란 네트워크에서 처음 사용하였다(엄형식, 2008: 105). 따라서 미국에서 사회적 기업의 개념은 보통 비영리단체가 활동 자금을 조달하기 위해서 운영하는 사회적 목적을 가진 일반기업이고, 보통 비영리조직의 별도 영리사업법인 형태로 발전하였다. 따라서 사회적 목적 기업(Social Purpose Business), 공동체 재산 기업, 공동체 기반 사업(Community - Based Business)

---

25) 지역사회 개발은 케네디 정부에서 시작되었다. 케네디 정부의 경제자문인 갈브레이스(J. K. Galbraith)는 빈곤을 사례빈곤(개인요인)과 지역빈곤(지역경제의 결핍)으로 구분하였고, 케네디 정부는 지역빈곤 타파를 위해 1961년 지역재개발법을, 사례빈곤 타파를 위해 1962년 인력개발훈련법을 시행하였다(빈곤퇴치연구포럼, 2008: 186).

이란 명칭으로 사용되고 있다.

1970년과 1996년 사이 사회복지급여는 국가 전반적으로 감소하였다. 레이건과 부시 행정부 기간 동안, 주로 실직한 빈민, 근로빈민, 단독가구(single parents)와 아동에게 제공되던 프로그램의 대규모 삭감이 연방의회와 주 의회에 의해 이루어졌다. 감소한 급여를 살펴보면 사회보장보험, 국민의료보장제도, 식량배급표, 학교급식프로그램, 여성을 위한 영양프로그램, 부양어린이가 있는 가족에 대한 지원, 전기세 보조금, 공공서비스 일자리와 교육, 지역개발금 그리고 저소득층 주거 보조금 등을 들 수 있다.

수치로 예를 들어 보면 1994년 3월과 1996년 10월 사이에 부양어린이가 있는 가족에 대한 지원의 수급자 수는 1,430만 명에서 1,180만 명으로, 18% 감소되었다. 1993년부터 1997년까지 국가 전체의 복지 관련 건수는 25%만큼 줄어들었다. 이러한 추세는 1990년대에도 가속화되었다(Platt, 2003).

1980년에는 정부의 사회서비스지출도 감소된 시기이다. 즉 1977년도를 기준으로 1982년에는 연방정부는 31% 감소, 지방정부는 14% 감소 등 총 25%의 사회서비스지출이 감소되었다(Salamon, 2000: 82). 또한 저소득층에 대한 소득지원도 10%나 감소되었다. 그러므로 사회적 기업의 사명은 주로 빈곤층을 지원하는 것으로 정립된 것이다.

이 시기의 사회적 기업 현황은 1990년대 기준으로 비영리조직의 수는 137만 5천 개, 유급 상근직이 930만 명으로 6.7%, 국민소득의 6.8% 수준이다(Young & Steinberg, 2008: 63－4).

(2) 성장기

1990년대에는 사회적 기업이 영리와 비영리 간의 구별이 모호해
지고, 그 결과 지역사회벤처(Community Wealth Venture)와 같은
기술이나 경영혁신을 통해 사회적 가치 실현과 경제적 이익을 동
시에 달성하려는 벤처기업들까지도 사회적 기업의 범주에 포함되
고 있다(홍석빈, 2009: 44).

성장기의 사회적 기업 현황은 160만 개(1995년)이고, 고용인원도
1,090만 명(1995년)으로 4.4%(1990년), GDP 대비 총매출은
8.8%(1995년) 수준으로 나타나고 있다(Salamon, 2000: 38 - 9).

이 시기의 특징은 4가지로 볼 수 있다. 첫째로 사회적 기업에 대
한 정부 차원의 강력한 지원이 없을 뿐만 아니라 사회적 기업은 민
간 차원에서 운영되었다. 따라서 가장 큰 문제는 재정적인 문제로
그 원인은 정부의 지출수준의 감소 때문이었다.

둘째로 영리서비스 제공자와의 경쟁 심화 상태였다. 정부지원의
감소로 사회적 기업들은 수익을 창출하는 사업을 시작하였고, 그 결
과 영리서비스 제공자와의 경쟁은 심화될 수밖에 없었다(Salamon,
2000: 191 - 7).

따라서 첫째와 둘째 문제를 해결하기 위하여 사회적 기업은 정
부와 민간기업과의 네트워크를 형성하기 시작하였다. 네트워크 형
태는 정부와의 계약형태, 기업과의 계약형태, 정부 및 기업과의 파
트너십, 영리목적인 자회사 설립, 기업재단이나 비영리동업협회 설
립, 모금캠페인 실시 등 다양하다(Young & Steinberg, 2008: 69 -
70). 특히 정부와의 계약형태는 정부가 제공하는 공공서비스를 사

회적 기업이 전달하는 것이고, 기업과의 계약형태란 기업과 계약을 하여 사회적 기업이 종업원에게 정신보건서비스를 하는 형태를 말한다.

셋째로 이 시기에는 연방정부의 정책변화로 사회적 기업의 역할이 변화되었다. 부연하면 연방수준에서 새로운 사회서비스 프로그램이 새로 생겼고, 기존의 프로그램에 대해서도 추가적인 재정지원이 되는 방향으로 정책이 변화된 것이다. 예를 들어 **AIDS** 관련 서비스에 대한 지원 등 연방정부의 지원 분야가 다양해졌고, 연방과 주정부가 영·유아 보육지원을 1992년에 20억 달러에서 1998년에는 50억 달러까지 증가시켰다. 따라서 새로운 사회서비스와 기존 서비스의 증가에 따라 사회적 기업의 역할도 변화한 것이다(Salamon, 2000: 85 - 6, 한국노동연구원, 2003: 93 - 4).

넷째로 1996년의 복지제도개혁에 따른 사회적 기업의 역할 변화 부분이다. AFDC에서 TANF[26])로의 변화로 직접적인 현금수급자가 줄어들었고 여기서 절감한 비용은 복지 관련 서비스를 다양화하는 데 사용되었다. 그 결과 사회적 기업들은 직업훈련이나 welfare - to - work 지원 또는 영·유아보육 등을 제공하게 되었다. 이러한 사회서비스영역에서 사회적 기업의 활동이 확대된 것은 이전에 공공이 담당하던 사회서비스의 영역을 민영화(privatization)한 결과라기

---

26) 1996년 8월, 클린턴 대통령은 개인책임과 노동기회법(Personal Opportunity and Work Responsibility Act)에 서명했고, 그것이 부양어린이가 있는 가족에 대한 지원(Aid to Families with Dependent Children, AFDC)을 빈곤가구한시부조(Temporary Assistance for Needy Families, TANF)로 대체했다. 이 법안은 전 생애에서 60개월로 부조를 제한하고 노동활동을 요구하며 법적 이주자들이 식량배급표(Food Stamps)와 사회보장보험(Social Security Insurance, SSI)을 받는 것을 제한한다. 또한 십대 부모들(teens parents)은 부모와 함께 거주하거나 성인의 통제를 받아야 하고 '일할 능력이 있지만' 실업 상태인 독신 성인은 36개월마다 3개월로 식량배급표가 제한된다.

보다는 새로운 사회서비스의 영역이 늘어났다고 보는 것이 적절하다는 주장도 있다(한국노동연구원, 2003: 93 - 4).

(3) 성숙기

미국 정책의 특징은 사회적 기업을 활용하여 복지수혜자들로 하여금 의존성과 굴욕감으로부터 탈피하여 삶에 대한 책임성을 제고할 수 있도록 하는 정책을 전개하고 있다는 점이다(OECD 대표부, 2006: 19). 따라서 유럽과는 달리 미국은 정부 차원의 사회적 기업 지원 법·제도가 거의 없다. 그 이유는 시장에 대한 국가개입이 낮은 수준이기 때문이다. 또한 유럽에 비해 사회적 기업의 유형 수가 많은 것도 법규에 의한 제약이나 지역연계의 부담이 없기 때문으로 판단된다(홍석빈, 2009: 44, OECD 대표부, 2006: 19).

그러나 사회적 기업에 대한 다양한 5가지 지원제도가 있다. 첫째, 프로젝트를 통한 지원제도가 있다. 이는 사회적 기업이 프로젝트 제출을 통해 중앙·지방 차원의 정부지원을 활용하는 것이다. 둘째, 우선구매 제도로서, 장애인기업이 사회적 기업인 경우 그 생산품에 대해서 우선 구매하는 제도이다(Javits - Wagner - O'Days 법). 셋째, 취약계층을 고용한 기업에 대해서 세제 혜택도 있다. 예를 들어 9개의 목표집단(취업 취약계층)을 고용한 기업에 대해서 1인당 2,400달러까지 소득세를 공제해 주는 것이다.

넷째, 지역사회재투자법(Community Reinvestment Act)[27]을 통

---

27) Community Reinvestment Act는 지역사회 재투자(CRA)를 이행하고 지역사회의 신용거래 필요에 부응할 수 있도록 해당 지역 은행들의 원조를 장려하기 위하여 1977년에 제정된 법이다. 이 법령은 은행과 저축금융기관이 각 지역사회의 특정 인종이나 수입 정도에 따라서

해 사회적 기업이 금융기관을 활용하는 방법도 있다. 다섯째, 사회적 기업 지원을 위하여 영국의 '사회적 기업가 학교'와 마찬가지로 대학 및 고등교육기관에서 관련 교육을 실시하고 있다. 즉 1993년부터 하버드 대학 MBA과정에 사회적 기업 교육이 설치된 후, 60개 이상의 대학 및 고등교육기관들이 비영리 경영교육 운동(Non-Profit Management Education Movement)과 사회적 기업 리더십운동(Social Enterprise Leadership Movement)을 시행하고 있다. 또한 사회적 기업 지원단체로서는 비영리재단인 로버츠 재단(REDF)이 대표적이다(OECD 대표부, 2006: 19).

또한 2009년 4월에 오바마 정부는 백악관에 '사회혁신실(Office of Social Innovation)'을 설치하고, '미국봉사법'(Serve America Act)에 서명했다. 백악관 사회혁신실의 임무는 미국 비영리 부문에서 혁신적 사회문제 해결 방법을 개발하는 '사회적 기업가 정신'을 독려하고 지원하는 일이다. '미국봉사법'은 전문지식을 갖춘 미국인이 교육·의료·환경 등의 영역에서 마음 놓고 봉사활동을 할 수 있도록 생계비를 지원하는 것이다.[28]

미국의 사회적 기업은 1995년 기준으로 160만 개이고, 이들의 고용인원은 1995년 기준으로 1,090만 명이다(Salamon, 2000: 38-9). 이들은 주로 비영리 부문(섹터)에서 활동하며, 비영리 부문의 단체들은 비법인 자발적 조직이나 법인 또는 트러스트로 조직된다. 트러스트는 재단과 유사하며 회원 개개인은 명시된 목적 달성을

대출을 제한하거나 상류층 지역주민에게만 대출제안을 하는 것을 금지하며, 미개발지 주택융자와 상업융자를 지급하는 것을 장려하도록 하는 데 목적이 있다.
(http://en.wikipedia.org/wiki/Community_Reinvestment_Act#Legislative_changes_2008)
28) 한겨레. 2009. 04. 29. http://www.hani.co.kr/arti/opinion/column/352484.html

위해 노력하고, 법인의 이사들에게는 제한된 책임만이 부여된다.

그리고 미국은 법으로 공익을 위한 민간비영리단체를 인정하며 그 인정방식은 주마다 다르다. 따라서 미국에서 사회적 기업 개념 은 보통 비영리단체가 활동 자금을 조달하기 위해서 운영하는 사 회적 목적을 가진 일반기업(사회적 목적 기업, 공동체 기반 사업, 공 동체 재산 기업)으로 이해된다고 앞에서 언급하였다(OECD, 1999: 33 - 34). 이 같은 미국의 발전단계별 특징은 <표 3 - 5>와 같다.

〈표 3 - 5〉 미국의 발전단계별 특징

구분	태동기	성장기	성숙기
시대의 특징	소외된 지역에서 문제 발생	- 민간기업 경쟁심화 - 사회적 기업의 역할 변화	- 사회적 기업 활용 정책 - 지역사회벤처 활성
관련법 유무	없음	없음	미국봉사법
기업의 목적	빈곤층 지원	- 재정문제 타결 - 빈곤층 지원	복지수혜자의 책임성 제고
정부의 지원	국가지원감소	- TANF로 국가지원 감소 - 민간기업과의 네트워크 를 형성	- 프로젝트를 통한 지원 - 사회적 기업이 금융기 관을 활용
기업의 수	137만 5천 개(1990년)	160만 개(1995년)	160만 개(1995년)
	110만 개(1994년)*	120만 개(1999년)*	140만 개(2004년)*
고용률	930만 명, 6.7%(1990년)	1,090만 명(1995년)	1,090만 명(1995년)
GDP 대비	6.8%(1990년)	8.8%(1995년)	8.8%(1995년)

■자료: *표시는 Young & Steinberg, 2008: 76 - 7의 수치임.

그리고 유럽을 중심으로 국가별 사회적 기업 관련 정책의 현황 을 요약하면 <표 3 - 6>과 같다.

〈표 3-6〉 국가별 사회적 기업의 현황

국가	사회적 기업의 정책 현황
영국	• 사회적 기업 육성을 위한 조직체계(제3섹터청)와 육성전략에 따른 체계적 육성 ('06년 사회적 기업 수 55천 개) • 지역공동체 이익회사(CIC)법을 제정하여 간소한 사회적 기업 설립·운영모델 창출 ※ CIC법 제정 2년이 경과되기 전에 2천여 개의 CIC 설립, 다만 동법은 민주적 의사결정을 위한 참여장치가 없음
이탈리아	• 1991년 유럽에서 최초로 사회적 기업 법제화 • 사회적 기업 부문의 조직적 유연성 확보 • 생산자, 이용자, 자원봉사자, 지역정부 등 다양한 이해관계자의 참여 보장 • 컨소시엄 모델을 활용한 교육훈련, 컨설팅 등 서비스 제공 • 세제 혜택을 통하여 사회적 목적 추구에 대한 보상 제공 • 사회적 기업 전문지원기관 등 유기적 지원시스템 가동
프랑스	• 조직 간 통합을 장려하고, 법적 구조를 간소화함으로써 다양한 조직의 사회적 기업 전환 유도 • 서비스 바우처 등 사회적 기업 지원을 위한 경제적 장치 설치
아일랜드	• 사회적 기업에 대한 정부의 재정지원이 장기실업 또는 노동시장 소외의 문제를 해결하는 데 초점 • 따라서 대다수의 사회적 기업이 지속적인 생존을 보장받기 위해서는 노동시장정책에 크게 의존
벨기에	• 사회적 기업의 범위가 광범위함[사회적 목적기업과 자활지원기업(노동통합기업)을 포괄하는 방식] • 서비스 바우처 등 사회적 기업 지원을 위한 경제적 장치 설치 • 재정적 혜택의 폭과 취약계층 고용률이 연동된 노동통합기업 지원 ※ 노동통합 사회적 기업은 급여세(payroll taxes)를 면제(설립 첫해에는 100%, 다음 해부터는 75%, 50%, 25%)받는 조건으로 취약계층 고용비율을 30%→40%→50%로 높여야 함
독일	• 시장거래가 금지되는 한시적 근로제도 도입 등 사회적 기업의 성장을 제약하는 정책 • 조직 간 융합 및 혁신을 저해하는 법적·행정적 구조 • 사회적 기업에 대한 합의된 장기적 비전의 부재로 사회적 기업 성장 부진

자료: 노동부. 「사회적 기업 육성 기본계획(2008-2012)」, 2008. 10 수정인용.

3. 한국

(1) 태동기

한국의 사회적 기업의 발달단계 특징은 다음과 같이 판단할 수 있다. 첫째로 2007년부터 사회적 기업에 대한 법과 제도가 시행되었으므로 연혁적으로 태동기라는 점이다. 둘째로 외국에 비해 사회적 기업의 수나 고용인원이 아주 미미한 규모라는 점이다. 이는 태동기에서 나타나는 당연한 현상으로 사료된다.

셋째로 사회적 기업에 대한 정책적인 지원과 의지는 영국보다도 높다고 볼 수 있다. 그 이유는 외국에서는 40년 동안 사회문제인 고용문제와 필요한 서비스 제공을 사회적 기업을 통하여 진행하여 왔으나, 한국은 이러한 문제를 단기간에 해결해야 하기 때문에 중앙정부를 중심으로 집중적인 정책지원이 필요하기 때문이다.

한국의 사회적 기업의 탄생배경은 다음과 같다. 한국에서도 근로빈곤층의 문제, 고령화 문제, 사회서비스에 대한 수요 증가, 전체계층의 실업문제와 고용 없는 시대의 도래 등과 같은 복합적인 사회문제를 해결하기 위하여, '사회적 일자리 사업'이 시작되었다. 이 사업은 보건복지가족부의 '자활지원사업'과 노동부의 '사회적 일자리 사업'으로 진행되었다. 순서대로 설명한다.

먼저 보건복지가족부의 '자활지원사업'은 1999년 국민기초생활보장법 제정으로 2000년부터 자활지원사업은 근로유지형, 사회적 일자리형, 시장진입형, 인턴형[29] 등 자활근로사업 중심으로 다양하

---

29) 시장진입형 자활근로는 투입예산의 20% 이상 수익금이 발생하고, 일정 기간 내에 자활공동

게 수행되었으나, 안정적인 일자리로 연결되지 못함에 따라 정부재정지원의 효과성과 관련한 논란이 지속적으로 제기되어 왔다. 그예로 자활성공률은 2001년 9.5%로 비교적 높았으나, 2002년에는 6.9%로 떨어졌고 2005년에는 5.5%에 불과하였다. 자활성공률이 낮은 이유로는 근로능력과 근로의욕이 가장 낮은 기초생활보장 수급자들이 주로 자활사업에 참여하고 있고, 통합급여체계로 인해 수급자들이 탈수급을 꺼리기 때문이라고 분석하고 있다(국회예산정책처, 2006: 105 - 107).

2008년 이후에는 자활사업 프로그램으로, 디딤돌사업(사회적응프로그램), 자활근로사업(주거현물급여 집수리사업, 자활사업 수익금관리, 광역자활사업), 자활공동체지원사업, 창업지원사업, 자활소득공제(자활장려금)사업 등이 있다(보건복지가족부 b, 2008).

그리고 노동부의 '사회적 일자리 사업'은 사회서비스 부문에서 새로운 일자리를 창출할 목적으로 2003년 7월에 시작되었다. 이 사업은 지역에 기반을 둔 고용정책 수단으로 정부의 재정과 민간의 자원을 결합하여 취업취약계층 등[30]에게 사회적 일자리를 제공하는 사업이다. 즉 사회적으로 필요하지만 수익성 등으로 인하여

체 창업을 통한 시장진입을 지향하는 사업(도우미사업 제외). 사회적 일자리형 자활근로는 사업의 수익성은 떨어지나 사회적으로 유용한 일자리 제공으로, 참여자의 자활능력 개발과 의지를 고취하여 향후 시장진입을 준비하는 사업으로, 사업단형과 도우미형이 있음. 인턴형 자활근로는 일반기업체에서 자활사업대상자가 자활인턴사원으로 근로를 하면서 기술·경력을 쌓은 후, 취업을 통한 자활을 도모하는 취업 유도형 자활근로사업. 근로 유지형 자활근로사업은 현재의 근로능력 및 자활의지를 유지하면서 향후 상위 자활사업 참여를 준비하는 형태의 사업이다(2009 기준).

30) 취업취약계층은 일반 노동시장에 취업이 곤란하다고 판단되는 구직자로서, 취업의사는 있으나 다른 구직자에 비해 취업능력(학력, 경력, 자격증 등)과 취업기술(이력서 작성, 면접요령 등)이 부족하고 경제적·심리적으로 어려움을 겪고 있어, 심층상담 및 지원이 특별히 요구되는 구직자를 말한다(실업극복국민재단 함께일하는사회, 2008: 59).

시장에서 충분히 제공되지 못하는 보건·사회복지·교육 등 사회 서비스 부문에서 비영리법인 또는 비영리단체가 창출하는 일자리 의미이다(실업극복국민재단 함께일하는사회, 2008: 59).

사회적 일자리 사업의 유형은 2007년 이후 광역형, 기업연계형, NGO 단독형 사업 등 3가지로 시행되었으나,[31] 여전히 국가 재정 지원 의존도가 높고, 단기·저임금 일자리가 다수를 차지하는 등 근본적 개선 필요성이 대두되고 있다(노동부, 2008: 1). 우선 재정 지원 의존도와 관련한 수입항목별 비율을 살펴보면, 3가지 사업유형 모두 노동부 지원에 주로 의존하고 있는 것으로 나타났다. 전체 수입 중 노동부지원 비중이 가장 높은 사업은 수입의 77.9%를 차지하는 NGO 단독형 사업이었고, 광역형이 76%, 기업연계형이 59% 순이었다(2007년 기준, 실업극복국민재단 함께일하는사회, 2008: 168). 또한 임금 수준을 보면, 일반참여자의 1인당 월평균 급여액은, 71만 원 이상~80만 원 이하가 21명(52.5%), 81만 원 이상~90만 원 이하가 8명(20%)이었으며, 일반참여자 평균급여는 851,860원으로 최소 385,000원, 최대 1,300,000원의 급여를 받고 있는 것으로 나타났다(2007년 기준, 실업극복국민재단 함께일하는 사회, 2008: 169).

---

31) 광역형 사업은 지부를 가진 비영리단체 또는 비영리단체로 구성된 컨소시엄이 2개 이상의 시·도에서 동일한 사업을 수행하면서, 수혜자 부담 등을 통해 자체적으로 수익을 발생케 하는 사업 또는 민간기업과의 파트너십 체결로 지속적인 수익구조를 확보할 수 있는 사업. 기업연계형 사업은 비영리단체와 기업 또는 비영리단체와 기업, 지방자치단체가 사회적 일자리 창출사업 운영을 위한 인적·물적 자원의 출연 및 역할분담을 통해 사회적 일자리를 제공하는 사업. NGO 단독형 사업은 비영리단체 등이 운영하며 수혜자 부담 등을 통해 자체적으로 수익을 발생케 하는 사업 또는 민간기업과의 파트너십 체결로 지속적인 수익구조를 확보할 수 있는 사업. 이는 공익형 사업을 없앰에 따라 자립지향형 사업에 대한 성격이 모호한 관계로 NGO 단독형으로 사업유형을 변경한 것이다(실업극복국민재단, 2008: 61).

이 같은 상황에서 보건복지가족부의 '자활지원사업'과 노동부의 '사회적 일자리 사업'의 대안으로 유럽의 사회적 기업 제도 도입과 관련한 논의가 본격화되었다. 이 논의과정에서 사회적 일자리 사업이 수익을 창출하고 자립을 도모할 수 있는 모델이 기업연계형 모델임을 확인하고, 비영리법인·단체 등 제3섹터를 활용한 안정적 일자리 창출 및 양질의 사회서비스 제공모델로서 사회적 기업 도입논의가 구체화되었다.

(2) 정책과 법

① 사회적 기업의 연혁

이 같은 사회적 기업 도입논의 결과, 사회적 기업육성법을 2007년 1월 3일에 제정하여 2007년 7월 1일에 시행하였으며, 시행령은 2007년 6월 29일에, 시행규칙은 2007년 7월 18일에 제정하였다. 이후 2008년 2월 1일에 사회적 기업 육성 기본계획 수립을 위한 워크숍을 개최하여, '사회적 기업 활성화 방안', '지역중심 사회적 기업 육성 및 민간기업의 참여 확대 방안' 등을 중점 논의하였고, 2008년 2월 19일부터 5월 15일까지 사회적 기업 육성과제별 정책포럼을 7회 개최하였다.

2008년 2~8월에는 노동연구원에서 기본계획 수립을 위한 기초조사연구를 하고, 사회적 기업 육성 기본계획 수립을 위한 공청회 개최(5월 29일, 7월 1일, 2회), 2008년 7~8월에는 세부 추진과제 작성을 위한 전문가 간담회 개최(3회), 2008년 10월 15일에는 사회적 기업육성위원회의 심의가 있었다(노동부, 2008: 2). 그리고

2008년 11월에는 2008년부터 2012년까지의 5년간 '사회적 기업 육성 기본계획'이 발표되었다(노동부, 2008: 2). 따라서 한국 사회적 기업을 외국 사회적 기업과 연혁, 수, 고용규모를 비교해 볼 때 태동기 수준으로 볼 수 있다.

② 인증 사회적 기업의 수

한국에서도 사회적 기업이 초창기이지만 지속적으로 도입되고 있고, 관련 단체의 연구도 활발하게 진행되고 있을 뿐만 아니라 대학에서도 교육이 시행되고 있다. 한국 사회적 기업의 인증된 숫자는 2007년 52개, 2008년 166개로, 4차 인증결과 218개 기관이 인증되었다(2009년 2월 기준).[32] 지역별로는 전체의 **44%** 정도가 서울 및 경기지역 등 수도권지역에 분포하고 있으며, 지방지역은 상대적으로 열세적인 현상을 보이고 있다. 그 이유는 지방지역에서는 사회적 기업에 대한 이해와 설립능력 부족 그리고 사회적 기업의 판매문제가 크게 작용한 것으로 판단된다.

4. 발전단계 비교의 결과

앞에서 각국의 사회적 기업의 분석틀로 대상국가, 발전단계의 비교, 그리고 유형 비교 등 3가지를 언급하였다. 먼저 대상국가는 3개국의 선정 필요성을 설명하였다. 다음으로는 발전단계의 비교를

---

32) 2009년 7월 27일 기준으로 33개가 추가되어 총 251개이나, 자료 미공개로 218개 기준으로 함. 한국 사회적 기업의 외적 현황은 노동부, '07, '08 사회적 기업 개요집, 2009에서 발췌 정리함.

위하여 조직생애주기 이론을 채택하여 사회적 기업을 태동기, 성장기, 성숙기, 쇠퇴기의 4단계로 구분하였다. 또한 각 단계에 따른 시기는 태동기는 1970년 후반~1990년 초반으로, 성장기는 1990년 중반~1990년 후반으로, 성숙기는 2000년 초반~현재로 구분하였다. 그리고 영국, 미국, 한국의 정책, 법, 사회적 기업의 현황을 비교하였다.

그 결과 영국과 미국은 태동기, 성장기, 성숙기로 진행되고 있으나, 한국은 태동기로 시작단계임을 알 수 있다.

영국의 단계는 다음과 같이 구분할 수 있다. 먼저 영국의 태동기에는 사회적 기업 관련법으로는 회사법과 산업공제조합법이 있으며, 사회적 기업은 노동통합이 목적으로 나타났다. 그리고 성장기에는 사회적 기업 육성정책이 시작되었으며, EMES에 의해서 영국의 사회적 기업이 심도 있게 연구되었다. 또한 성숙기에는 2005년 지역공동체 이익회사법이 제정되었고, 사회적 기업의 수가 55,000개(2006년), 고용률(15세 이상 인구)은 5%('06), GDP 대비 총매출의 비중은 2%(2006년) 정도이다.

그리고 미국의 단계는 다음과 같이 구분할 수 있다. 먼저 미국의 경우 태동기에는 관련법으로 1977년 지역사회재투자법이 있고, 사회적 기업은 1970년대에 소외된 지역을 되살리기 위해서 구상된 지역사회 개발에서 시작되었다. 그러나 이 시기는 사회복지재정이 감소된 시기로, 1990년대 기준으로 비영리조직의 수는 137만 5천개, 유급상근직이 930만 명으로 6.7%, 국민소득의 6.8% 수준이었다.

그리고 성장기에는 지역사회벤처가 탄생되었고, 사회적 기업은 민간 차원에서 운영되어야 했으며, 영리서비스 제공자와의 경쟁이 심화되었다. 또한 정책변화와 TANF로 사회적 기업의 역할이 변화되었다. 성장기의 사회적 기업 현황은 160만 개(1995년)이고, 고용인원도 1,090만 명(1995년)으로 4.4%(1990년), GDP 대비 총매출은 8.8%(1995년) 수준으로 나타나고 있다.

또한 성숙기에도 국가개입이 낮은 수준이지만, 다양한 지원제도가 존재하였다. 2009년에 사회혁신실을 설치하고, 미국봉사법이 제정되었다. 이 시기의 사회적 기업은 1995년 기준으로 160만 개이고, 이들의 고용인원은 1995년 기준으로 1,090만 명이다. 이와 같은 발전단계의 시대상황과 국가상황을 표로 요약하면 <표 3 - 7>과 같다.

〈표 3-7〉 국가별 발전단계의 시대상황과 국가상황

구분	세부 국가	태동기 70년~90년 초반	성장기 90년 중반~90년 후반	성숙기 2000년 이후
시대 상황	외국	사회적 기업의 등장	사회적 기업의 제도화	- 사회적 기업 법제화 - 사회적 기업의 전파

국가
상황
	영국	- 지역사회 기업운동
		  중심
		- 회사법과 산업공제
		  조합법
		- 노동통합이 목적
			- 1992년 자선사업법
			- 사회적 기업 육성정책
			  시작
			- EMES 연구
			- 정부와 계약서비스
				- 2005년 지역공동체
				  이익회사법
				- 4대 정책: 문화, 정보,
				  자금, 협력
				- 제3섹터청 중심

	미국	- 사회복지재정 감소
		- 지역사회 개발
		- 빈곤층에 대한 지원
		  목적
			- 민간 차원에서 운영
			- 영리서비스 제공자와의
			  경쟁 심화
			- TANF로 사회적 기업
			  의 역할이 변화
			- 지역사회 벤처기업
				- 2009년 미국봉사법
				- 국가개입 낮은 수준
				- 다양한 지원제도
				- 사회혁신실 설치
				- 지역사회 벤처기업
				  활발

	한국	-	-	- 2007년 사회적 기업 육성법 - 노동부

구분	세부 국가	태동기 70년~90년 초반	성장기 90년 중반~90년 후반	성숙기 2000년 이후
기업 수	영국	–	–	55,000개(2006년)
	미국	137만 5천 개(1990년)	160만 개(1995년)	160만 개(1995년)
		110만 개(1994년)*	120만 개(1999년)*	140만 개(2004년)*
	한국	–	–	251개(2009. 7.)
고용 률	영국	–	–	5%(2006년)
	미국	930만 명 6.7%(1990년)	1,090만 명(1995년)	1,090만 명(1995년)
	한국	–	–	6,565명(2009. 2.)
GDP 대비	영국	–	–	2%(2006년)
	미국	6.8%(1990년)	8.8%(1995년)	8.8%(1995년)
	한국	–	–	0%

■설명: 2009년 2월 기준으로 218개 기관에서 총 6,565명이나, 2009년 7월 27일 기준으로 33개가 추가되어 총 251개임.
■자료: 미국의 기업 수에서 *표시는 Young & Steinberg, 2008: 76-7의 수치임.

제3절 사회적 기업의 유형 비교

1. 영국

(1) 종류와 중점활동

사회적 기업 유형 비교는 조직의 종류와 중점활동을 요인으로 하여 분류하고자 하였다. 조직의 종류는 공공형, 민간형, 혼합형으로 분류하였고 중점활동은 일자리 창출형, 서비스 제공형, 통합형으로 유형을 분류하였다.

영국의 사회적 기업들은 시장에서 상품과 서비스를 팔거나 정부에 서비스를 제공하는 계약을 체결하며, 사회적 목적을 가진 독립된 조직이다.

대표적인 사회적 기업으로는 첫째, '빅 이슈(The Big Issue)'가 있다. 이 기업의 취지는 잡지출판 및 판매를 통하여 노숙자에게 재활과 자립 지원, 임시숙소 제공, 교육과 재취직을 지원을 하는 것이다(노동부 b, 2007: 9). 즉 노숙자가 구걸하지 않고 잡지를 팔아서 이익을 얻게 하여 자활에 성공하도록 돕기 위한 취지인 점에서, 기업의 역할은 일자리 창출형이다. 활동을 보면, 기업이 시사월간지 '더 빅 이슈'를 노숙자에게 싸게 공급하고, 판매 권한이 있는 노숙자가 정가로 파는 것이다.

빅 이슈는 고든 로딕과 존 버드(A. John Bird)가 미국 뉴욕의 거리잡지(street magazine)에 착안해 1991년 9월에 창간한 월간잡지이다. 그 후에 1995년 빅 이슈 재단이 설립되었고, 잡지 판매원으로서 자리를 잡은 노숙자들 중 일부를 빅 이슈 본사에 취직시켜 잡지편집이나 취재활동 등의 업무를 맡겼다. 활동효과를 보면, 빅 이슈의 도움을 받은 노숙자는 총 5,500여 명이고, 빅 이슈 재단이 제공한 취업교육 및 IT교육 혜택을 받은 사람이 407명, 가정을 꾸린 사람이 281명에 이르고, 75명이 일자리를 구했다.[33]

둘째로 '그린웍스(Green Works)'는 2004년에 등록된 자선단체이면서, 가구 재활용 사회적 기업이다. 즉 대기업과 정부부처의 남은 사무용 가구를 수거해 학교, 자선단체 등에 합리적인 가격으로 제공하고 있다. 설립목적은 환경적 목적, 즉 환경의 지속성이다. 활동

---

33) UK DTI c, 2007: 14, 기획예산처 숭실대학교, 2006: 136, 아시아 경제, 09. 7. 6.
http://www.asiae.co.kr/news/view.htm?idxno=2009070611575220253&nvr=y.

효과를 보면, 2000년에 설립된 뒤 150여 명이 이 회사에서 일자리를 찾았을 뿐만 아니라, 공공기관 5,000여 곳에 가구를 공급해 연간 250만 파운드를 절약하고 폐기물 재활용 등으로 온실가스 감축에도 앞장서고 있다. 따라서 기업의 역할은 일자리 창출형으로서, 환경친화적인 사업을 미래 사업으로 채택한 기업이다.34)

셋째로 지역사회 조직이자 사회적 기업인 '리부트(ReBoot)'가 있다. ReBoot는 원래 해크니(Hackney) 시 소재 사회적 기업인 Bootstrap 기업에서 수립한 프로젝트로서, 핵심 사업은 개인과 조직들로부터 기부받은 컴퓨터들을 재활용하는 것이었다. 이 프로젝트가 2000년에 사회적 기업으로 설립된 것으로, 설립목적은 주목적이 사회적 목적이고, 2차적 목적은 영리활동이다.

리부트의 활동영역은 개인과 조직들로부터 기부받은 컴퓨터들을 재활용하는 것으로, 수집된 컴퓨터 부품들을 다시 업그레이드시켜 자선단체, 기업 및 개인들에게 판매하는 것이다. 그리고 리부트의 역할은 지역사회 주민들의 일자리 창출과 교육 및 훈련 서비스 제공이므로, 이 기업은 일자리 창출형으로 볼 수 있다. 그 예로는 한 번에 5명의 자원봉사들에게 훈련 및 직업경력을 제공함으로써, 이들의 IT 시장으로의 진입을 지원한다(김명희, 2008: 142 이하). 그린웍스와의 사례비교는 <표 3 - 8>과 같다.

---

34) 김명희, 2008: 145 - 146, 한국경제, 09. 8. 28.
   http://www.hankyung.com/news/app/newsview.php?aid = 2009031298461.

구분		Green-Works	ReBoot
거버넌스 구조35)	조직기원	자선단체조직 사회적 기업	지역사회조직 사회적 기업
	조직구조	복잡	단순
	조직목적	환경적 목적(물품 재사용에 중점)	사회적 목적(일자리 창출, 교육 및 훈련)
	성장비전	시장화(marketization)	지방화(localization)
	재정구조	보조금, 민간＋정부부문 회비, 수익금 기반	보조금, 수익금 기반
	대안선택	폐기물품 다량 확보와 회원제 서비스	폐기물품 조건부 취사선택과 무료서비스

자료: 김명희, 2008: 150 수정인용.

넷째로 전국 및 지역 파트너십으로 활동하는 모범적인 개발기구인 '글래스고 웍스(Glasgow Works)'는 1994년에 장기 실업자들의 직업 활동 복귀를 돕기 위해 설립되었다. 활동 분야는 방과 후 어린이 돌보기, 가전제품 재활용, 깃발 만들기, 청년들을 위한 훈련, 건설과 환경 등이다.

그리고 글래스고 웍스가 진행하는 사업은 종신고용을 창출할 수 있는 시장활동으로 계획된 것이 특징이므로, 기업의 역할은 일자리 창출형으로 볼 수 있다. 유급수혜자들은 인터뷰를 거친 후 채용되고 계약 기간이 끝나면 노동시장에 복귀할 수 있도록 훈련과 기타 지원을 받는다. 활동효과를 보면, 1994년부터 1997년 1월까지 800

---

35) 거버넌스(governance)란 정부와 시민사회가 협력하여 사회문제를 해결하는 체계를 의미한다. 보통 정부 및 비정부조직에 의한 공공서비스 공급, 정부 및 비정부조직과 개인들의 연계망을 통한 공공서비스 공급 등을 의미하며, 좁은 의미로는 기업의 지배 행위나 방식을 말한다. 거버넌스는 사용되는 맥락에 따라 기업 거버넌스(corporate governance), 국제 거버넌스(international governance), 국가 거버넌스(national governance), 지방 거버넌스(local governance)로 구분되며, 사회적 기업에 적용되는 거버넌스 개념은 아직 상세한 규명이 이루어지지 않은 상태이다(김명희, 2008: 137).

명이 훈련을 받았고, 1년 계약을 완료한 사람들 중 62%는 안정적인 일자리를 구했으며, 3년 이상 실업자였던 사람들 중 53%도 일자리를 찾았다(OECD, 1999: 29 - 30).

다섯째로 1946년에 시작된 공기업 성격의 사회적 기업인 '렘플로이(REMPLOY)'는 신체장애자들이 일하는 영국의 국영 제조회사이다. 활동효과를 보면, 이 기업은 고용인이 11,400명 이상이고, 이 중 90%가 장애인들이다. 다수의 일류 영국기업들과 거래하며 그 매출액이 1억 5천만 파운드 이상에 이른다. 정부에서 REMPLOY에 보조금을 지급하고 있고, 1992년 이후부터는 다른 소스에서도 자금을 조달, 사용할 수 있게 되었다. 약 80개의 공장과 6,000명의 영구직원을 거느린, 영국 최대의 장애인 고용기업이다(Aiken, 2006: 25 - 26).

여섯째로 사회적 기업의 일종인 WISE에 6개의 종류가 있다. 6개의 종류인 WISE(노동통합형 사회적 기업)[36]는 일자리 창출에 지대한 공헌을 하고 있다(Aiken, 2006: 25). 6개의 종류를 순서대로 설명한다.

그중 하나인 '새로운 형태의 노동자협동조합'은 그 수가 419개로 추정되며(2002년), 활동초점은 일자리 창출이며, 활동효과로는 1988~1992년에 약 10,000개의 일자리를 만들어 냈다.

그리고 '지역사회 공동체 비즈니스'는 1980년대 스코틀랜드 농촌지역에서 처음 시작되어, 영국 글래스고와 다른 지방으로 성공적으로 퍼져 나갔다. 그 수가 400개에 달하고 3,500개의 일자리를 제

---

36) 노동통합형 기업(WISE: work - integration social enterprises)들은 고용과 직업훈련 등을 통해 일자리 창출을 하는 기업이다.

공했던 것으로 추정된다(1995년).

다음으로는 '중간 노동시장 조직(Intermediate Labour Market organizations: ILMs)' 기업모델도 스코틀랜드에서 시작되었다. ILM 의 활동은 시간제한 상근 또는 비상근 노동자에게 훈련을 제공하고, 실직자에게 사회적으로 유용한 제품을 제공하는 데 목적이 있다. 활동효과는 이 기업의 65개 운영 프로그램에서 5,300개의 일자리를 찾아냈다.

또한 '사회적 회사(social firm)' 종류는 대부분 공공 및 자원봉사 분야 파트너십을 통해 발전되었는데, 유럽연합에서 자금을 받은 경우도 자주 있다. 사회적 회사의 수는 약 38개이고, 각각 약 10명의 인원으로 구성되어 있다. 이 기업은 수입의 50% 이상을 판매를 통해 달성하고, 유급 인력의 25% 이상을 장애나 기타 불리한 조건의 사람들로 고용한다.

이 외에도 일자리 및 훈련을 제공하는 '자원봉사 조직'과 '사회적 기업의 일부로 노동통합이 되어 있는 조직'도 있다.

그리고 영국의 주요 사회적 기업 현황과 관련 단체들의 내역은 <표 3 - 9>와 같다.

〈표 3 - 9〉 영국의 주요 사회적 기업과 관련 단체 현황

유형	명칭	활동 및 효과
지원	사회적 기업연합 (Social Enterprise Coalition, SEC)	- 사회적 기업의 위상을 제고하고, 역량을 강화하며, 새롭게 계속 성장하는 사회적 기업 부문 내의 협력을 촉진 - 회원 네트워크는 사회적 기업 운동을 조직해서 총 10,000 개 이상의 사회적 목적을 위해 상업거래를 하는 기업들을 한데 뭉치게 하고 이들을 집단적으로 대변

유형	명칭	활동 및 효과
서비스	서포터 디렉트 (Supporter Direcct, SD)	- 축구 경기장 개선 기금으로부터 2007/08년에 시작되는 3 년 이상의 기금 180만 파운드를 확보해 이 기금 지원으로 SD는 여러 트러스트들과 협력하여 몇몇 축구 클럽의 운영 에 있어서 근본적인 변화를 가져올 수 있게 되었음
서비스	AFC 텔포드사(AFC Telford Utd Ltd)	- 텔포드 지역의 축구 클럽의 서포터즈들에 의해 결성 - 클럽은 협동조합처럼 100% 공동체 소유 - 어린 학생 학습 센터 등 지역사회를 위해 다양한 시설과 서 비스 개발
노동	뉴라이프 (Newlife)	- 레스터(Leicester)에 위치한 건설 회사로 장기 실업자들과 학교 중퇴자들에게 고용과 훈련을 제공 - 위 대상계층이 취업을 하면 연간 1인당 구직보조금과 주거/ 의회 세금혜택 약 3,500파운드 절감 추정 - 연간 약 77,000파운드의 국고 절감 효과 - 근로자당 연간 약 2만 파운드 이익 예상
서비스	수양아동 양육공동체 (Community Foster Care: CFC)	- 위탁양육자의 사회적 돌봄 시장을 다양화하기 위해 활동하 는 사회적 기업 - 당국에 의해 위탁된 '보호대상 아동'을 위해 위탁양육자를 제공 - CFC는 주로 글로스터셔(Gloucestershire)의 사회적, 경제 적으로 낙후된 지역주민들에게 일자리를 제공
서비스	빅라이프 그룹 (The Big Life group)	- 사람들의 삶을 변화시키는 것을 돕고, 이를 위한 지원 및 기회 창출을 위해 협력하는 사회적 기업들과 자선단체들의 모임 - 소득원은 주로 보건의료서비스 계약, 구직센터 플러스 서비 스, 북부지역의 빅 이슈 잡지의 광고 및 잡지 판매수익 소 득, 육아서비스 제공에 대해 부모로부터 받는 보육료 - 약 220명을 고용하며, 2003/04년도 총수익매출은 830만 파운드
서비스	썬더랜드 재가 요양 연합 (Sunderland Home Care Associates: SHCA)	- SHCA는 썬더랜드 시의회를 대신하는 간호 및 가사 서비스 제공 - 직원 수가 175명(85%가 여성)이며, 연간 총매출액이 175 만 파운드 - 특히 노인과 장애인을 대상으로 특별한 맞춤 서비스를 제공 함으로써 노인들과 장애인들이 집에 더 오래 머무를 수 있 게 하는 데 초점을 둠 - 유연한 근로 정책으로 직원들은 일과 가정의 조화를 이룰 수 있어서 연간 이직률이 예외적으로 낮은 3.5%를 기록

유형	명칭	활동 및 효과
서비스	ECT그룹	- 다양한 고품질의 비용 효율이 높은 공공서비스를 제공 - 재활용 및 지속 가능한 폐기물 관리, 거리 정화, 보건의료, 공공 및 지역사회 대중교통, 지역사회 철도, 자동차 및 철도 수리공 등이 포함 - 5,000만 파운드에 달하는 매출과 1,100명 이상의 직원을 자랑하는 ECT 그룹은 영국의 우수 사회적 기업이자 영국 최대의 지역사회 재활용 업체
서비스	프로젝트 코믹스 (Project Cosmic)	- 농촌지역의 사회적 기업으로, 데번(Devon) 주의 오터리(Ottery)지역의 메리가에서 다양한 정보통신기술(ICT) 서비스를 제공 - 활동 분야는 최신 장비를 부착한 이동식 '연락선' 등을 포함하는 혁신적이고 흥미로운 방식으로 서비스를 제공하고, 지역사회에 방문해서 주민들에게 IT 훈련을 제공하며, 다른 지역사회 단체와 기업들이 필요로 하는 기술, 즉 웹사이트와 IT 훈련 등을 제공하는 것
노동/ 지원	엔터프라이즈 인사이트 (Enterprise Insight)	- 14~30세의 청년층을 사회적 기업으로 유도하기 위한 캠페인 - 영국의 주요 기업단체가 설립하고 통상산업부가 주된 자금 공급원인 이 단체는 보다 기업적인 문화를 진흥시키려는 목적
노동/ 지원	기업교육 (Enterprise Education)	- 재정 능력 개선과 경제 및 기업에 대한 이해로 뒷받침되는 기업 능력을 포함 - '기업능력'이란 혁신, 창의성, 위험 관리와 위험 감수, 할 수 있다는 태도와 아이디어를 실현하는 추진력
노동/ 지원	졸업생 기업가 교육 국가위원회 (National Council for Graduate Entrepreneursh -ip: NCGE)	- NCGE는 고등 교육에 있어서 기업가 정신의 위상을 높이고, 모든 형태의 창업을 진지하게 고려해서 이를 위해 활동하는 학생과 졸업생의 수를 늘리기 위해 2004년에 설립 - 사회적 기업은 NCGE의 활동의 필수적인 부분
서비스/ 지원	사회적 기업 이스트미들랜드 (Social Enterprise East Midlands, SEEM)	- 이스트미들랜드 개발기구와 지역 비즈니스 링크 운영자(BLOs)들과 제휴하여 이스트미들랜드 전역에 전문적인 정보, 진단, 중개(IDB) 서비스를 시범 실시

유형	명칭	활동 및 효과
서비스/ 지원	스트라이딩 아웃 (Striding Out)	- 청년 사회적 기업가들을 지원하고 이들에게 조언을 주는 사회적 기업 - 설립자는 헤더 윌킨슨
서비스/ 지원	UnLtd	- 2000년 사회적 기업 활동 진흥을 위해 설립된 자선단체 - 2002년 UnLtd는 밀레니엄 위원회로부터 1억 파운드의 유산을 보조받아 밀레니엄상 제도를 영구화하기 위한 기금으로 투자 - UnLtd는 또한 빅 로터리 펀드(Big Lottery Fund)가 지원하는 빅부스트(Big Boost) 프로그램의 주요 이행 파트너 - 빅 로터리 펀드는 젊은이들이 지역사회 프로젝트를 수립할 수 있도록 상을 수여함
지원	셋 스퀘어드 파트너십 (SET squared Partnership)	- 바스, 브리스톨, 사우스햄튼, 서레이 대학교들의 기업 활동을 결합 - 본 파트너십은 2002년에 설립된 이래, 200개 이상의 벤처기업을 지원하였고, 대안투자시장(AIM) 세 곳의 설립을 지원하였는데, 이들 시장의 총 시가총액과, 1억 5천만 파운드 이상이 결합된 시장 자본화 개체인 대안투자시장(AIT) 세 곳을 지원
서비스	해크니 지역 교통 (Hacknely Community Transport: HCT)	- 해크니에서 지역사회 운송 서비스 제공을 위해 1982년에 설립되었다가 그 후 성공적인 대규모 사회적 기업으로 성장 - HCT 그룹의 서비스 포트폴리오에는 런던교통공사와의 계약에 따라 운영되는 일반 버스 운행, 학습 장애를 가진 특수 교육이 필요한 사람들이나 보육서비스가 필요한 사람들을 위해 여러 런던 자치구에서 운영되는 교통서비스, 웨스트요크셔의 노란 학교 버스인 '마이버스(MyBus)' 중 상당 수 운행 그리고 리즈 장애인 이용버스 서비스(Leeds AccessBus Service)가 있음
노동	리사이클링 언리미티드 (Recycling Unlimited)	- 창립자 에디 브룩스가 2002년에 정신 건강 자선 단체로 출발 - 현재 다양한 배경을 가진 사람들에게 목공업, 목수일, 소매업, 정원 가꾸기 및 원예와 같은 직업 기술을 훈련하고 직업경험을 제공하는, 사회적 포용성이 있는 사회적 기업 - 다른 언어 사용자를 위한 영어교육을 실시하고 기초 기술 훈련 및 구직에 대한 자문과 지침을 제공하고 이에 대해 안내
지원	퓨처빌더즈 잉글랜드 (Futurebuilders England)	- 앞서가는 자발적 및 지역사회 조직과 사회적 기업들의 잉글랜드 내 공공서비스 제공의 규모와 범위를 확대하기 위한 이들의 역량 구축을 돕기 위해 마련된 혁신적인 1억 2천5백만 파운드 규모의 투자 기금 www.futurebuilders-england.org.uk

유형	명칭	활동 및 효과
지원	서플라이 2 (Supply 2/gov. uk)	- 정부의 기관 전반에 걸쳐 일정액 이하의 모든 공공부문 계약에 대한 신청을 위한 첫 관문(포탈) - 정부 기관들이 보통 10만 파운드 이하의 계약을 한곳에 공고하게 함으로써, 이 사이트는 사회적 기업을 포함한 모든 형태의 기업들이 중앙 및 지방정부의 계약기회에 대한 정보를 얻을 수 있게 함 - 공공부문 구매자들에게는 공급업체 선택의 폭이 넓어지고 잠재적으로 보다 혁신적이고 가치 있는 상품과 서비스를 이용 가능
서비스	plunkett	- 농촌 교통의 지속 가능성 향상에 있어서 사회적 기업의 역할 - 지역사회 교통 협회(Community Transport Association: CTA)에 따르면 현재 농촌지역에는 약 700개의 지역사회 교통 계획이 실시되고 있으며, 이 중 상당수가 기업적 방식으로 운영되는 시스템, 다시 말해 전체 소득의 절반 이상이 보조금과 기부가 아닌 서비스 이용료와 계약대금에서 얻어지는 경우로 평가됨
서비스	쇼어디치 트러스트 (Shoreditch Trust)	- 트러스트 계승 전략에 사회적 기업 모델을 활용 - 목표는 지역사회를 위한 뉴딜(New Deal for Communities)의 10년 기금 프로그램이 끝난 후에도 지속적인 서비스를 지원할 수 있는 소득원을 마련하는 것 - 쇼어디치 트러스트는 시장 리더들과 제휴를 맺음으로써, 공공과 민간부문의 전문성을 결합. 이에 해당하는 한 가지 벤처가 유명한 디지털 브리지(Digital Bridge)로 이 사업은 수상 경력도 있음

자료: UK DTI(c), 2007: 10 - 58 부분을 요약.

(2) 유형 비교

영국 사회적 기업을 생애주기 이론에 의거하여 태동기, 성장기, 성숙기, 쇠퇴기로 고찰하였다. 그리고 태동기의 사회적 기업의 목적은 불우한 처지에 처한 사람들에게 자력 구제 안전망을 제공하기 위한 것이었다(Aiken, 2006: 23 - 24). 또한 현재 영국의 사회적 기업은 성숙기 단계에 있다고 볼 수 있다.

현재 성숙기 단계인 사회적 기업의 현황은 다음과 같다. 먼저 조직의 종류로 보면 민간형이 주도하고 있고, 혼합형(해크니 지역교통 등), 공공형(렘플로이)도 존재하고 있다. 혼합형은 서비스 제공 경향이 강하며, 공공형은 일자리 창출 성격이 강하다.

그리고 중점활동을 보면 유럽의 대다수 국가가 처음에는 일자리 제공에서 시작하여 그 후 서비스 제공으로 그리고 마지막으로는 일자리와 서비스 제공의 통합 형태로 진행되었다고 볼 수 있다 (Borzaga & Defourny, 2001: 351 - 2, 조영복, 2007: 46, 엄형식, 2008: 106, 311).

따라서 영국도 성장기에는 서비스 제공이 중심이었다고 추정할 수가 있다. 이를 근거로 생애주기 이론을 중심으로 조직의 종류와 중점활동을 도식하면 <그림 3 - 1>과 같다.

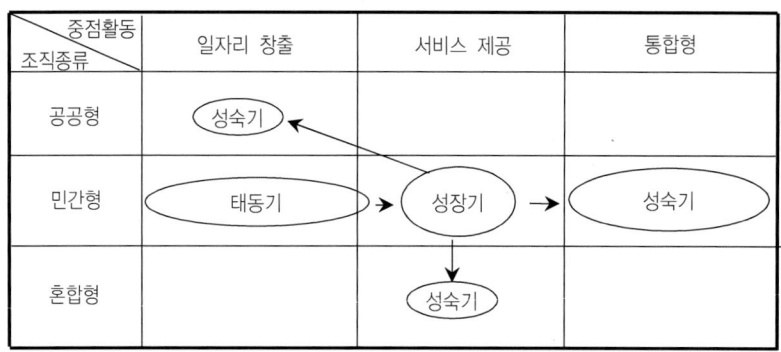

설명: 원의 크기는 중점활동의 크기의 상대적인 비교임.

〈그림 3-1〉 영국 사회적 기업의 발전단계와 유형 비교

2. 미국

(1) 종류와 중점활동

미국의 사회적 기업은 주로 비영리단체가 중심이며, 활동 분야는 첫째, 일자리 창출로서, 실업자와 복지 수혜자들의 노동시장에 통합, 둘째, 서비스 제공으로서, 노인 돌보기와 '신종빈민'을 위한 새로운 서비스 제공, 셋째, 지역발전으로서, 취약한 도시와 농촌지역의 발전 등 3가지이다(OECD, 1999: 34).

대표적인 사회적 기업을 살펴보면, 첫째 '루비콘 프로그램스(Rubicon Programs Inc.)'가 있다. 이 기업은 1973년 캘리포니아주 리치몬드에서 설립되어, 호텔·리조트·공원 등의 조경, 베이커리 등을 통해 장애인과 노숙자의 자립을 지원하고 있다. 목적은 장애인, 노숙자 또는 기타 경제적 취약 계층의 삶의 질을 향상시키고 자활을 할 수 있도록 하는 것이다.

루비콘 프로그램스의 활동 분야는 조경사업과 베이커리 사업이며, 이를 위해 '루비콘 조경서비스'와 '루비콘 베이커리' 2개 회사를 운영하고 있다. 이 2개 회사를 통해 장애인, 노숙자, 빈곤층을 고용하고 있고, 주거지원이나 정신건강 치료 서비스도 병행하고 있으므로, Rubicon은 통합형 기업이라 볼 수 있다. 고용 관련 활동효과로는 2006~2007년에 1,024명에게 근로지원프로그램을 실시하여 353명이 취업하였다.[37]

둘째로 1970년 뉴욕 버펄로에 설립된 인간적인 서비스를 제공하

---

37) OECD, 1999: 35. 조영복a, 2008: 68-75.

는 '클락슨 센터(Clarkson Center for the Human Services)'가 있다. 이 기업은 어린이와 노인을 포함하는 취약계층과 위험에 처한 사람들을 돕기 위한 비영리단체이다. 활동 분야는 청장년들에게 직업훈련 실시와 인턴으로 일할 수 있는 기회제공, 실업자와 취약계층에게는 요식조달 훈련과정 등 직업훈련 시행이다. 1995년에는 훈련과정의 재원을 마련하기 위해 '클락슨 푸드 서비스(Clarkson Food Service)'라는 일반요식 조달회사를 설립했다.

클락슨 센터의 활동효과로는, 1975년 이후 12,500명이 센터의 훈련과정에 참여하여 직업을 구했으며, 훈련을 마친 인턴과 직원들 중에서 78%가 흑인이었다. 이 센터는 이윤의 92%가량을 사회교육 활동에 재투자한다(OECD, 1999: 37). 따라서 Clarkson Center는 일자리 창출형 기업으로 볼 수 있다.

셋째로 '파이오니아 휴먼 서비스(Pioneer Human Services)'가 있다. 이 기업은 미국 시애틀에서 1963년에 설립된 후, 1966년 '파이오니아 인더스트리'라는 회사를 설립하여, 보잉사 협력회사로 활동하고 있다. 활동목적은 소외계층 지원으로서, 사회적응이 필요한 출소자나 장애인 등을 직접 채용해 제품을 생산하는 일자리 창출형 기업이다.

파이오니아 휴먼 서비스의 활동 분야는 직업훈련, 취업, 사회상담, 주택, 약물중독 치료 등을 수행하고 있다. 현재는 하나의 기업이 아니라 12개의 사회적 기업을 운영하는 그룹으로 성장했으며, 활동효과로는 2004년 한 해 동안 8,000명 이상의 취업을 지원하고, 워싱턴 주 48개소에서 10만 명 이상의 홈리스, 전과자, 약물중독자를 치료한 바 있으며, 2007년에는 11,000명을 지원하였다.

파이오니아 휴먼 서비스의 특징은 수익사업으로 이익이 발생하기 때문에, 정부나 기업의 기부를 거의 받지 않는다는 점이다. 이 같은 성공원인은 대표를 비롯한 기관의 간부들이 기업경영의 경험이 많을 뿐만 아니라, 사회적 기업으로서의 사명감 인식과 기업의 경영기법을 도입한 결과라고 볼 수 있다.38) 이 외에도 미국 사회적 기업의 현황은 <표 3 - 10>과 같다.

〈표 3-10〉 미국 사회적 기업의 현황

기업명	소재지	규모 및 특징	사업 내용
주마 벤처스 (Juma Ventures)	샌프란시스코	-5개 사업체에서 청소년 100여 명이 훈련받고 200여 명 이상이 고용되어 있음 -아이스크림 기업인 Ben& Jerry로부터 가맹비 없이 프랜차이즈를 받아 매장 운영함	14~29세의 저소득청소년들에게 직업훈련 프로그램과 취업기회 제공
홈보이즈 인터랙티브 (Homeboys Interactive)	위스콘신 주, 밀워키	예수회 수사가 갱단에게 일자리를 제공하기 위해 설립하여 10~20명이 훈련받고 8~15명이 취업함	약물 중독자에게 치료프로그램을 제공하고, 5~6개월 대입검정고시과정을 거치면 컴퓨터 프로그래밍을 가르침
에스페란자 유니다 (Esperanza Unida Inc.)	위스콘신	라틴계 미국인을 위한 NGO, 지역사회의 니즈를 파악하고 지역의 전문가 및 자원 활용, 전문대학과의 파트너십, 2000년 200여 명 참여	자동차 수리업, 인쇄업, 건설, 보육서비스, 용접과 금속제조, 고객센터 서비스, 인터내셔널 빌딩 임대사업, 서점과 커피숍, 법률지원센터 운영
퍼 스콜라스 (Per Scholas)	뉴욕 브롱크스	빈곤지역 학교에 컴퓨터 보급하기 위하여 기업 및 재단 컨소시엄을 통해 설립	30만 개의 컴퓨터 재활용, 4만 여 가구에 보급, 800명에게 직업훈련, 500여 명에게 고용기회 제공
바비 다드 인스티튜트 (Bobby Dodd Institute Inc.)	애틀랜타	1963년 성인장애인 직업훈련 시작 1989년 비영리단체로 독립	2003년 정부계약을 비롯한 7개 사업에서 575만 달러 수입

---

38) 국정브리핑, 2006. 5. 15, 기획예산처, 숭실대학교, 2006: 139 - 140, 조영복, 2008a: 54 - 67.

기업명	소재지	규모 및 특징	사업 내용
Women's Been Project	콜로라도 덴버	1989년 2명의 빈곤 여성대상 콩 스프믹스 직업훈련	연간 15명 OJT 형식으로 6~12개월 훈련(출장요리, 보조지원, 주문접수, 배달 등)
바인딩 투게더(Binding Together Inc.)	뉴욕 시	1987년 약물중독 전력자, 전과자, 노숙자, 에이즈 양성 반응자 등을 위해 설립된 재활단체	최소 6개월 과정으로 인쇄, 복사, 컴퓨터 그래픽 등 분야에 매년 90명이 등록하여 75%가 수료
트로사 (TROSA)	샌프란 시스코	1994년 1만 8천 달러의 자본과 직원 3명으로 약물중독에서 치유된 케빈 멕도널드가 약물중독자 5명의 재활 프로그램 시작	매년 300명의 약물 중독자들이 2년 주거 재활 치료 프로그램에 참여하며 공동체 생활을 하면서 근로윤리교육을 강화함
스쿠쿰 (Skookum)	워싱턴 시	특수교육교사가 장애학생의 작업치료를 위해 줄넘기 사업 시작 후 트렌드파악과 전문경영인 도움으로 사업 확장	줄넘기, 인력파견사업, 유해물질 제거사업 등 확장하며 75%인 560명은 장애인, 25%는 저소득층 비장애인으로 구성
프로비던트 카운슬링 (Provident Counseling Inc.)	세인트루 이스	상담서비스, 청소년교육, 직업훈련으로 연 예산이 500만 달러, 1만 5천 명의 아동 및 가족에게 서비스 제공	직원상담 서비스의 포화로 홈케어 서비스, 사이버교육센터로 사업 확장
Community Wealth Venture		설립 자본을 이익이 나면 적절한 이자를 포함하여 상환하는 조건으로 Share Our Strength 설립자인 빌 쇼어가 자본 모집 후 설립함	비영리기관이 가진 자산을 활용하여 사회적 부를 창출. 사회적 기업 설립, 기업과의 파트너십, 라이선싱 외 연구 DB 구축을 통한 공익적인 지식 뱅크 역할. Taste of Nations 캠페인은 지금까지 3,700만 달러 모금
Newman's Own		영화배우 폴 뉴먼이 1982년 세워 샐러드드레싱, 스테이크 소스 및 스낵류 제조 판매를 위해 4만 달러로 설립	2003년 1억 9천만 달러의 매출 기록 후 세후이익 100%를 기부, 1987년 병든 아동을 위한 무료 캠프시설 설립

자료: 정선희, 2004: 20-104 요약.

(2) 유형 비교

미국은 우선 사회적 기업을 관할하는 법규가 없다. 그리고 사회적 기업이 160만 개(1995년 기준)이나, 고용인원도 1,090만 명

(1995년 기준)으로 4.4%(1990년 24,800만 기준)이고, 정부 차원의
강력한 지원이 없을 뿐만 아니라 민간 차원에서 운영되어야 한다.

조직의 종류도 주로 민간형이 주도하고 있고, 혼합형과 공공형은
찾아보기가 어렵다. 또한 중점활동도 고용창출(지역사회 개발)에서
사회복지서비스로 그 후에는 통합형을 유지하고 있다. 이를 근거로
생애주기 이론을 중심으로 조직의 종류와 중점활동을 도식하면
<그림 3 - 2>와 같다.

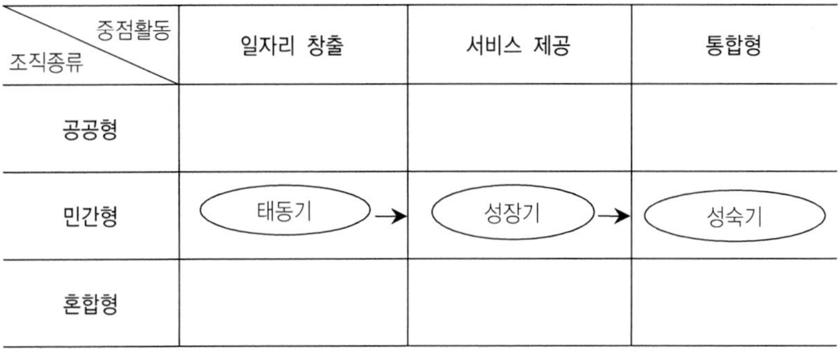

중점활동 조직종류	일자리 창출	서비스 제공	통합형
공공형			
민간형	태동기 →	성장기 →	성숙기
혼합형			

<그림 3-2> 미국 사회적 기업의 발전단계와 유형 비교

앞에서 언급한 국가별 사회적 기업의 현황요약은 <표 3 - 11>과 같다.

〈표 3-11〉 영국과 미국의 사회적 기업의 현황

국가	사회적 기업의 현황
영국	• 사회적 기업은 1844년 로치데일 협동조합 운동 이후 빅토리아시대를 거치며 크게 발전했으며, 역사가 오래되었고, 1980년 대처정부 이후 사회적 기업의 지속적 민영화와 분권화 진행 • 협동조합 형태와 지역사회 개발을 촉진하는 지역공동체이익회사 형태로 존재함 • 사회적 기업의 일종인 WISE는 6개의 종류이며, 일자리 창출에 주도적인 역할을 하고 있음 • 2006년 현재 55,000여 개의 기업 및 조직이 활동 중이며, 총매출액은 270억 파운드, GDP 기여도는 84억 파운드로 추정
미국	• 개인주의적 전통과 1980년대 레이거노믹스 정책에 따라 민간부분의 자율성이 강화되어, 사회적 기업에 대한 국가의 간섭과 지원이 약화됨. 비영리조직들의 수익사업에 대한 별도의 법적 장치가 마련되어 있지 않음 • 주로 비영리조직과 민간단체가 운영하는 비즈니스벤처 형태로 운영되고 있으며, 사회적 기업을 이윤추구의 수단으로 인식하는 경향이 강함 • 일반기업과의 파트너십, 민간재단의 투자관점 지원 등 NGO와 민간의 협력모형이 발달되어 있음

자료: Aiken, 2006: 23 - 26, UK DTI c, 2007: 재무부장관 서문, 조영복, 2007: 49 수정인용.

3. 한국

(1) 조직의 종류

한국 사회적 기업의 형태는 주로 민간형 형태이다. 세부적으로는 상법상 회사(주식, 유한회사 포함)가 89개(41%), 민법상 법인이 52개(24%), 비영리단체가 38개(17%), 사회복지법인 28개(13%), 소비자생협 10개 순으로 다양하다. 그리고 사회적 기업육성법상 조직형태는 크게는 4가지로, 민법상 법인, 민법상 조합, 상법상 회사, 비영리민간단체이다. 세부적으로는 비영리민간단체에 공익법인,[39] 비영리민간단체, 사회복지법인, 생활협동조합, 다른 법률의 비영리단체 등 5가지가 있으므로 총 8가지 조직형태가 있다(법 제8조 제1항 제1호, 영 제8조 각 호).

이 분류에 의한 사회적 기업의 조직형태는 상법상 회사(주식, 유한회사 포함)가 89개(41%), 민법상 법인이 52개(24%), 비영리단체가 38개(17%), 사회복지법인 28개(13%), 소비자생협 10개 순으로 다양하다. 상법상 회사가 많은 이유는 상법상 회사는 이미 마케팅 능력을 구비하고 있기 때문에 영업을 통한 판매력이 크고 또한 기업의 이미지 제고를 위하여 기업의 사회적 책임(CSR)을 실천하는 수단으로 사회적 기업을 설립하기 때문으로 판단된다. 그리고 상법상 회사가 많다는 점은 한국의 사회적 기업도 마케팅 능력이 필요하다는 것을 예시하는 간접적인 증거이다.

그러나 예비 사회적 기업의 조직형태[40]는 사회복지법인이 28개(38%), 비영리민간단체(비영리법인 포함)가 26개(35%), 민법상 법인이 14개(19%), 기타 5개(7%), 협동조합 1개(1%)로 나타났고, 공익법인이나 주식회사는 없었다. 따라서 예비 사회적 기업에는 사회복지법인과 비영리민간단체의 비율이 높으므로 향후에는 이들의 증가가 예상된다.

그러므로 향후에는 법적인 제약으로 공공형은 극히 제한적으로 발생하리라 예상되고, 혼합형은 앞으로 수가 증가하리라 예상된다.

---

39) 공익법인은 자체의 이익을 추구하지 아니하고 공익을 목적으로 사업을 하는 법인이다.
40) 이 부분에서 예비 사회적 기업의 현황은 노동부 연구용역과제에서 사회적 기업의 정의나 사회적 기업 육성법 제정의 취지에 부합된다고 예상되는 기관과 그러한 사업을 시행했던 712개 기관을 대상으로 한 조사에서 회수된 74건의 연구결과를 인용하였다(노동부 a, 2007 참조). 미제출기관은 사회적 기업에 부정적 또는 관심이 없거나, 사회적 기업으로 전환할 능력 등이 없는 기관으로, 아직은 이들을 예비 사회적 기업의 범주로 포함할 단계는 아니라고 판단된다.

혼합형이 증가하리라 예상하는 이유는 정부입장에서 단기간 내 사회적 기업을 육성하기 위하여 정부 차원의 재정지원과 위탁사업이 증가하리라 예상되기 때문이다.

(2) 조직의 중점활동

한국 사회적 기업의 중점활동은 사회적 목적 실현 유형으로 파악할 수 있다. 즉 사회적 목적 실현 유형으로는 일자리 제공형이 90개(41%), 혼합형[41])이 63개(29%), 기타형이 35개(16%), 사회서비스 제공형이 30개(14%) 순이다. 한국에서 일자리 제공형이 많은 이유는 외국의 사회적 기업이 원래 일자리 창출을 위하여 설립된 것과 맥락을 같이하고 있다고 볼 수 있다.

그리고 예비 사회적 기업들이 지향하는 유형은 혼합형이 47%, 일자리 창출형이 18%, 사회적 서비스 제공형이 17%이다. 세부적으로는 환경 분야의 업체들은 대다수가 일자리 창출형을 택하고 있으며, 문화 분야는 사회적 서비스 제공형을, 혼합형은 교육, 보건, 사회복지, 보육서비스의 분야를 택하고 있다. 결론적으로 각 단체들이 지향하고 있는 사회적 기업의 형태는 매출 규모에 상관없이 혼합형이 38~50%로 가장 높은 비율을 차지하고 있는 것으로 나타났다.

이같이 예비 사회적 기업들이 혼합형을 선호하는 이유는 일자리 창출과 서비스 제공이라는 사업 다각화를 통해 조직을 유지하려는 의도로 해석될 수 있고, 따라서 향후 사회적 기업은 혼합형이 증가

---

41) 여기서 혼합형은 외국의 중점활동에서의 통합형을 의미한다.

되리라 예상된다.

또한 사회적 기업육성법에서는 사회적 기업의 서비스 유형을 10
개 업종으로 구분하고 있다. 부연하면, 교육, 보건, 사회복지, 환경,
문화, 보육, 예술·관광 및 운동, 산림 보전 및 관리, 간병 및 가사
지원, 기타 서비스이다(법 제2조 제3호, 영 제3조). 이 기준에 의거
하여 사회적 기업을 분류하면, 제조업 등 기타 분야가 65개(30%),
사회복지 44개(20%), 환경 35개(16%), 간병·가사지원이 29개
(13%)이고, 산림보전 및 관리는 아직 없다(173개 기준).

그러나 실제 영업활동이 2개 업종 이상인 기업이 많다는 점을
감안하여 부수사업도 복수사업으로 중복하여 모두 인정하면, 252개
사회적 기업에서 380개 사회서비스가 도출된다. 사회적 기업 1개
소당 1.5개의 사회서비스에 활동하고 있는 것이다. 따라서 복수사업
을 모두 고려하여 380개 사회서비스 영역을 세분화하여 보면, 기타
서비스가 81개(21.3%), 친환경이 78개(20.5%), 간병 및 가사지원이
60개(15.8%), 사회복지가 51개(13.4%), 교육이 49개(12.9%) 순으로
나타나고 있다(252개 기준). 세부적인 비교는 <표 3-12>와 같다.

⟨표 3-12⟩ 한국 사회적 기업의 주된 사업과 복수사업비교

[단위: 개(%)]

구분	교육	보건	복지	환경	문화	보육	예술	산림	간병	기타
주된 사업 (251개)	⑦ 10개 (5)	⑧ 8개 (4)	② 44개 (20)	③ 35개 (16)	⑥ 13개 (6)*	⑤ 14개 (6)	* 	⑩ –	④ 29개 (13)	① 65개 (30)
복수 사업 (380개)	⑤ 49개 (12.9)	⑧ 12개 (3.2)	④ 51개 (13.4)	② 78개 (20.5)	⑦ 13개 (3.4)	⑥ 22개 (5.8)	⑧ 12개 (3.2)	⑩ 2개 (0.5)	③ 60개 (15.8)	① 81개 (21.3)

구분	교육	보건	복지	환경	문화	보육	예술	산림	간병	기타
BAL	+39	+4	+7	+43	0	+8		+2	+31	+16

☞설명:
- 주된 사업은 218개(2009. 2.) 기준이고, 복수 사업은 252개(2009. 9.) 기준임.
- *표시는 문화, 예술·관광 및 운동을 합한 수치임.
- ① 등 표시는 순위임.
☞자료:
- 주된 사업은 노동부. '07, '08 사회적 기업 개요집, 2009 기준.
- 복수 사업은 노동부, 사회적 기업 기준.

<표 3 - 12>를 보면, 주된 사업과 복수사업의 2부분에서 사회적 기업의 특징이 잘 나타나고 있다. 첫째, 2부분에서 기타 서비스가 가장 높게 나타나고 있는 것은, 제품판매 활동을 하는 사회적 기업이 많다는 것을 의미한다. 예를 들면, 꽃 판매, 산후조리용품대여, 제과제빵 제조업, 음식점, 반찬판매 등이다. 둘째, 주된 사업보다도 복수사업인 경우, 환경, 간병, 교육의 순위가 높고, 숫자가 많은 것(BAL 참조)은 사회적 기업이 부수적으로 이러한 활동을 병행하고 있다는 의미이고, 각각의 지역사회 욕구를 반영한 것으로 해석할 수 있다.

셋째, 그러나 복수사업을 고려해도 보건, 사회복지, 문화, 보육 분야의 수치가 큰 변동이 없다는 사실은, 현재 기업이 하나의 분야에만 중점적으로 활동하고 있으므로 향후에는 정책적으로 사회적 기업의 역량을 제고시켜야 한다는 점을 시사하고 있다고 판단된다. 넷째, 산림 분야가 다른 분야에 비해 사회적 기업이 적다는 점은, 농어촌에 맞는 사회적 기업에 대한 홍보와 영업이 가능한 제품의 교육이 필요한 부분이다. 그 이유는 한국에서 농어촌 노인의 비율이 가장 높고, 노인소득 또한 가장 낮은 수준이기 때문이다.

앞에서 한국은 2007년 1월에 사회적 기업육성법이 제정되었으나, 인증기관이 218개로 외국에 비해 미미하고, 고용인원은 총 6,565명으로 기관 평균 30명을 고용하고 있으나 총 근로자 대비 고용비율이 매우 낮아 한국의 사회적 기업은 태동기라고 언급하였다. 그리고 혼합형이 증가하리라 예상하였다. 이를 근거로 생애주기 이론을 중심으로 조직의 종류와 중점활동을 도식하면 <그림 3-3>과 같다.

중점활동 조직종류	일자리 창출	서비스 제공	통합형
공공형			
민간형	태동기	태동기	태동기
혼합형			

설명: 원 크기는 인증기준으로 본 활동 분야의 크기임.

〈그림 3-3〉 한국 사회적 기업의 발전단계와 유형 비교

4. 한국과 영국 및 미국 유형 비교의 결과

영국의 경우에는 발전단계별로 조직의 종류가 공공형, 민간형, 혼합형으로 고르게 발전하고 있으며, 중점활동도 일자리 창출과 서비스 제공 그리고 통합형으로 모두 활동하고 있다. 그러나 공공형의 일자리 창출과 혼합형의 서비스 제공은 보다 낮은 수준이다.

반면 미국은 처음부터 민간형 위주로 구성되어 있으며, 중점활동

은 일자리 창출과 서비스 제공 그리고 통합형으로 모두 활동하고 있
다. 정부와의 계약형태의 경우는 정부가 제공하는 공공서비스를 사
회적 기업이 전달만 하는 것이므로 혼합형으로 구분하기가 어렵다.

　한국은 초기부터 민간형 위주로 일자리 창출과 서비스 제공 그
리고 통합형이 동시에 진행되고 있다. 이상으로 언급한 국가별 사
회적 기업의 발전단계와 유형을 전체적으로 비교하면 <그림 3 - 4>
와 같다.

중점활동 / 조직종류	일자리 창출	서비스 제공	통합형
공공형	영(숙)		
민간형	영(태) 미(태) 한(태)	영(성) 미(성) 한(태)	영(숙) 미(숙) 한(태)
혼합형		영(숙)	

설명: ◇국가: 영국(영), 미국(미), 한국(한)으로 표시
　　　◇발전단계: 태동기(태), 성장기(성), 성숙기(숙), 쇠퇴기로 표시. 쇠퇴기는 제외함.

〈그림 3 - 4〉 국가별 사회적 기업의 발전단계와 유형의 전체 비교

제4장

사회적 기업 비교분석의 결과

제1절 발전단계의 비교분석

1. 외국의 경우

(1) 정상적 발전단계

먼저 발전단계의 비교를 위하여 대상국가는 3개국으로 선정하고, 선정 필요성을 설명하였다. 다음으로 발전단계는 조직생애주기 이론을 채택하여 사회적 기업을 태동기, 성장기, 성숙기, 쇠퇴기의 4단계로 구분하였다. 그리고 시기별로는 태동기는 1970년 후반~1990년 초반으로, 성장기는 1990년 중반~1990년 후반으로, 성숙기는 2000년 초반~현재로 구분하였다. 또한 발전단계별 시대상황과 국가상황을 요약하여 언급하였다.

이를 부연하면 첫째, 영국의 경우에는 지역공동체 이익회사법이 제정(2005년)되고, 사회적 기업의 수가 55,000개(2006년), 채용비율도 5%(2006년)이므로 사회적 기업의 단계는 성숙기 단계로 판정하였다.

둘째, 미국은 성숙기 단계이지만 영국과는 달리 사회적 기업을 관할하는 법규가 없고, 사회적 기업이 160만 개(1995년)이나, 고용인원도 1,090만 명(1995년)으로 4.4%(1990년)이고, 정부 차원의 강력한 지원이 없을 뿐만 아니라 민간 차원에서 운영되어야 한다는 점을 파악하였다.

반면, 한국은 사회적 기업육성법(2007년)이 제정되었으나, 인증기관이 218개인 점, 고용인원은 총 6,565명으로 기관 평균 30명을 고용하고 있으므로(2009년) 고용이 미미한 점을 고려하여 사회적 기업 단계를 태동기로 구분하였다.

그 결과 영국은 태동기, 성장기, 성숙기로 연결되는 정상적 발전단계를 거치고 있음이 확인되었다. 먼저 영국이 정상적 발전단계로 진행된 이유를 세부적으로 고찰한 분석결과는 다음과 같다.

첫째, 태동기의 시작으로 1970년대 이후 불우한 처지에 처한 사람들에게 자력 구제 안전망을 제공하기 위하여 사회적 기업이 탄생된 점을 들 수 있다(Aiken, 2006: 23-24).

둘째, 1990년대 성장기를 촉발시킨 이유로 1997년 중도좌파 노동당 정부로부터 사회적 기업 담당 행정기구와 법률을 토대로 사회적 기업을 전략적 육성계획을 수립·시행한 점을 들 수 있다. 이 시기는 사회적 기업의 제도화 시기라고 볼 수 있다.

셋째, 2000년 이후 성숙기에 이르게 한 중요 사건은 2005년 지역공동체 이익회사법의 제정이라고 볼 수 있다. 이 시기는 사회적 기업의 법적 시기라고 볼 수 있다. 이 법의 특징은 적절한 법적 지위가 없는 사회적 기업의 활동에 대하여 법적인 지원체계를 구축한 점 그리고 지역사회를 기반으로 지역사회 발전이나 사회서비스 전달에 참여하는 비영리적 조직에 상법상의 지위를 부여한 점이다 (엄형식, 2008: 111).

이를 세부적으로 정책수립, 정책시행, 탄생 목적, 발전방향 측면에서 분석한 결과는 다음과 같다. 첫째로 정책수립 측면에서는 영국을 포함한 영미국가들은 사회적 기업 자체의 자율성 및 독립성을 강조하는 성향이 강하다(조영복, 2007: 49). 둘째로 정책시행 측면에서는 복지민영화 방식으로 정부의 개입은 최소화하되, 사회적 기업이 영리기업 활동을 통해 취약계층지원과 사회복지서비스를 제공토록 하고 있는 것이다(홍석빈, 2009: 44 - 46).

셋째로 사회적 기업이 탄생한 목적 측면에서는 영국은 1970년대 이후 불우한 처지에 처한 사람들에게 자력 구제 안전망을 제공하기 위하여 사회적 기업이 탄생하였다(Aiken, 2006: 23 - 24). 즉 연혁적으로 사회적 기업의 시작이 노동통합이라는 점을 알 수 있다. 넷째로 사회적 기업의 발전방향 측면에서도 지역사회를 중시한다는 점이다. 영국에는 지역의 사회적 기업들이 이웃의 경제적 번영을 향상시킨다는 목적이 있다(Aiken, 2006: 23 - 24).

따라서 분석결과 영국이 정상적 발전단계를 거치고 있는 이유는 정책수립, 정책시행 측면, 탄생목적 측면, 발전방향 측면의 종합적인 결과라고 판단된다.

(2) 특수한 발전단계

이에 비하여 미국은 특수한 발전단계를 보이고 있다. 즉 미국은 민간형 범위에서만 태동기, 성장기, 성숙기로 발전되는 경향이 있다. 또한 정부 차원의 강력한 지원이 없을 뿐만 아니라 민간 차원에서 운영되어야 한다는 점에서 앞으로 운영 관련 전개과정을 주의 깊게 고찰할 필요가 있다.

이를 세부적으로 분석한 결과는 다음과 같다. 첫째로 정책수립 측면에서는 사회적 기업에 대해서 정부 차원의 명문화된 제도적 지원이 없다. 둘째로 정책시행 측면에서도 사회적 기업 자체의 자율성 및 독립성을 강조하는 성향이 강하다. 셋째로 사회적 기업이 탄생한 목적은 일자리 창출이라는 점이다. 넷째로 사회적 기업의 발전방향 측면에서는 새로운 사회적 기업형태의 대두와 사회적 기업 자체의 발전가능성이 크다는 점이다.

(3) 향후 발전단계의 예측

이상으로 발전단계의 비교분석을 통하여 정상적 발전단계로는 영국을, 특수한 발전단계로는 미국을 분석하였다. 그렇다면 이러한 분석의 결과를 토대로 한국 사회적 기업이 외국 사회적 기업으로부터 어떠한 장점을 취해야 할 것인가가 문제가 된다. 이것은 외국 사회적 기업의 향후 방향을 분석해야 한다는 의미와 맥락을 같이한다. 이 점은 후술하고 우선 외국의 향후 예상방향을 분석하기로 한다.

첫째, 어느 나라에서 사회적 기업이 가장 활성화될 것인가를 예상해 보기로 한다. 가장 활성화될 국가는 영국으로 판단된다. 그 이유는 영국은 사회적 기업 담당 행정기구와 법률을 토대로 전략적 육성계획을 수립·시행하고 있고, 지역공동체 이익회사법이 제정되어 쉽게 사회적 기업의 설립과 운영모델을 창출할 수 있다는 점을 들 수 있다(노동부, 2008: 10-11).

둘째, 사회적 기업의 경영기법은 미국이 가장 선두에 위치하리라 예상된다. 그 이유는 미국 사회적 기업은 국가지원이 없이 독자적으로 생존해야 하기 때문이다. 또한 최근에는 기술이나 경영혁신을 통해 사회적 가치 실현과 경제적 이익을 동시에 달성하려는 지역사회벤처도 사회적 기업의 범주에 포함되고 있기 때문이다(홍석빈, 2009: 44).

2. 한국의 경우

(1) 발전단계의 특징

한국은 2007년에 사회적 기업육성법이 제정되었으나 인증기관도 미미하고 고용인원도 시작단계이므로, 한국의 사회적 기업은 태동기이다. 이는 연혁적으로 외국에 비해 30년 이상 시간적인 차이에서 나온 것이라 볼 수 있다. 그러나 향후에는 국가와 지자체의 지원을 감안하면 계속 발전하여 성장기로 진입하리라 예상된다. 결과적으로 국가와 지자체의 지원방향과 내용이 한국 사회적 기업의 발전을 결정하는 중요한 변수로 작용하리라 예상된다.

한국의 특징은 초기부터 민간형 위주로 일자리 창출과 서비스 제공 그리고 통합형이 동시에 진행되고 있다는 점이다.

세부적으로 분석하면, 첫째로 정책수립 측면에서는 사회적 기업 육성법과 지원제도가 있다. 둘째로 정책시행 측면에서도 미국과 유사하게 사회적 기업 자체의 자율성 및 독립성을 강조하는 성향이 강하다. 다만 2년 기간 동안 인건비를 지원한다는 지원사항이 미국과는 다르다. 셋째로 사회적 기업이 탄생한 목적도 미국과 유사하게 일자리 창출이지만, 서비스 제공과 이들을 통합한 활동도 동시에 중점을 두고 있는 부분이 다르다. 넷째로 사회적 기업의 발전방향 측면에서는 정부의 제도의 방향과 사회적 기업인의 의지와 능력이 향후 발전방향을 결정하리라 예상된다.

(2) 수용할 분야

앞에서 분석의 결과를 토대로 한국 사회적 기업이 외국 사회적 기업에서 어떠한 장점을 취해야 할 것인가를 언급하였다. 우선 영국에서는 사회적 기업 정책과 담당 행정기구를 계속 연구할 필요가 있다고 본다. 특히 제3섹터청을 중심으로 한 전체적인 지원체계를 세밀하게 분석해야 한다.

그리고 사회적 기업의 경영기법은 미국에서 배워야 한다고 생각된다. 그 이유는 사회적 기업의 태동은 근대 유럽에서였지만, 오늘날과 같은 형태의 사회적 기업은 미국의 성장과 더불어 발전해 온 점이기 때문이다(홍석빈, 2009: 42). 또한 기술이나 경영혁신에 중점을 두는 지역사회벤처도 사회적 기업의 범주에 포함되고 있기 때문이다(홍석빈, 2009: 44).

제2절 유형의 비교분석

1. 외국의 경우

(1) 정상적인 유형

발전단계의 비교결과 영국은 태동기, 성장기, 성숙기로 연결되는 정상적 발전단계로, 미국과 한국은 특수한 발전단계를 거치고 있음이 확인되었다. 이 같은 발전단계를 기초로 유형의 비교분석을 고찰하였다.

사회적 기업의 유형 비교를 위하여 조직의 종류와 기업의 중점활동을 비교기준으로 하였다. 전자는 사회적 기업의 운영형태가 공공형, 민간형, 혼합형인지를 파악하는 것이다. 그리고 후자는 사회적 기업의 목적이 일자리 창출, 서비스 제공, 통합형 등 중에서 어느 부분에 가장 주력하고 있는지를 밝히는 것이다. 또한 각국 사회적 기업 목적의 진행방향을 파악하는 것이다.

이러한 비교분석을 하기 위해서 2가지 개념이 필요하다. 하나는 정상적인 유형 정의, 다른 하나는 사회적 기업의 총 유형 개념이다.

먼저 정상적인 유형에서는 조직종류와 중점활동 측면에서 정상적인 유형기준이 무엇인가를 먼저 설명한다. 조직종류에서 정상적인 유형이란 민간형에서 공공형이나 혼합형으로 발전한 과정으로 정의하고자 한다. 그 이유는 외국의 경우 민간형에서 공공형이나 혼합형으로 발전하였기 때문이다. 그리고 중점활동에서 정상적인 유형이란 일자리 창출형에서 서비스 제공형으로 그리고 통합형으로 변경되는 과정으로 정의하고자 한다. 그 이유는 유럽과 미국 사회적 기업의 발전단계를 살펴보면, 많은 국가가 처음에는 일자리 제공에서 시작하여 그 후 서비스 제공으로 그리고 마지막으로는 일자리와 서비스 제공의 통합 형태로 진행되었기 때문이다(Borzaga & Defourny, 2001: 351－2, 조영복, 2007: 46, 엄형식, 2008: 106, 311). 따라서 정상적인 유형은 조직종류와 중점활동이 정상적인 유형기준에 부합되는 경우라고 사용하기로 한다.

그리고 사회적 기업의 유형은 조직종류(기업유형)와 중점활동으로 구분하였다. 먼저 조직종류는 공공형, 민간형, 혼합형의 3가지이고, 중점활동도 일자리 창출형, 서비스 제공형, 통합형의 3가지이므로, 사회적 기업의 총 유형은 9가지 ― 공공형·일자리 창출형, 공공형·서비스 제공형, 공공형·통합형, 민간형·일자리 창출형, 민간형·서비스 제공형, 민간형·통합형, 혼합형·일자리 창출형, 혼합형·서비스 제공형, 혼합형·통합형 ― 이다(제3장 <그림 3－4> 참조).

이러한 조직종류와 중점활동 그리고 9가지 총 유형을 기준으로 세부적으로 고찰한 결과, 영국은 정상적인 유형을 띠고 있다고 판단되었다. 즉 조직종류에서 민간형에서 공공형이나 혼합형으로 발전한 정상적인 유형이고, 중점활동에서도 일자리 창출형에서 서비스 제공형으로 그리고 통합형으로 정상적으로 변경되었기 때문이다. 이를 세부적으로 고찰하면 다음과 같은 분석결과가 도출된다.

첫째로 영국에서는 공공형·서비스 제공형과 공공형·통합형 그리고 혼합형·통합형은 거의 찾아보기가 힘들다. 공공형을 찾아보기가 힘든 이유는 복지민영화 방식으로 정부의 개입은 최소화하는 정부정책 때문이라 생각된다. 그러나 이는 현실적으로 대표적인 사회적 기업을 기준으로 한 결과이기 때문에 실제 정책의 변화에 따라 변경될 수 있음을 부언한다.

둘째로 영국은 공공형·일자리 창출형과 혼합형·서비스 제공형이 있으나 그 비율은 모두 낮은 수준이다. 향후 이 부분의 변화 유무는 앞으로 정책방향을 연구할 경우 필요한 변수로 생각된다.

셋째로 사회적 기업 시작형태가 민간형이다. 이유는 앞서 언급한 민간형에서 일자리 창출이 시작되었기 때문이다. 그리고 민간형 내에서 성장기, 성숙기로 진행되고 있다.

넷째로 성숙기에는 3개 방향, 즉 민간형·통합형과 공공형·일자리 창출형 그리고 혼합형·서비스 제공형 측면으로 발전하고 있다. 그 이유는 영국은 국영기업체식으로 사회적 기업을 운영하였기 때문이다. 그러나 영국에서 공공형 중심과 혼합형 중심이 나타나는 것은 사회적 기업 자체의 자율성 및 독립성을 강조하는 영미국가의 특성상 이례적인 경우이다. 이는 사회적 기업에 대한 영국정부의 체계적이며 포괄적인 법적·제도적인 지원의 결과로 사료된다.

다섯째로 영국에서는 조직의 종류로는 민간형이 주도하고 있고, 혼합형(해크니 지역교통 등), 공공형(렘플로이)도 존재하고 있다. 그리고 혼합형은 서비스 제공 경향이 강하며, 공공형은 일자리 창출 성격이 강하다. 그리고 중점활동을 보면 처음에는 일자리 제공에서 시작하여 그 후 서비스 제공으로 그리고 마지막으로는 일자리와 서비스 제공의 통합형태로 진행되었다고 볼 수 있다.

(2) 특수한 유형

특수한 유형은 조직종류가 하나의 형태이거나 중점활동이 하나의 형태인 것을 말한다. 미국은 조직종류가 민간형 하나이므로 특수한 유형이다. 이를 분석하면 다음과 같다. 첫째로 사회적 기업 시작형태가 비영리섹터, 즉 민간형이라는 점이다. 둘째로 민간형에서도 중점활동은 정상적인 유형, 즉 일자리 창출형에서 서비스 제공형 그리고 통합형으로 변경되는 과정인 점에서 공공형과 혼합형으로 진행되는 영국과는 다른 형태를 보이고 있다.

셋째로 성숙기에도 민간형의 범주를 벗어나지 못하고 민간형·통합형으로 발전되고 있다. 사회적 기업 자체의 자율성 및 독립성을 강조하는 영미국가의 특성상 당연한 현상이라고 판단된다. 향후에도 이러한 진행이 계속 유지되리라고 판단된다.

넷째로 미국에서는 혼합형과 공공형은 찾아보기가 어렵다. 정부와의 계약형태의 경우는 정부가 제공하는 공공서비스를 사회적 기업이 전달만 하는 것이므로 혼합형으로 구분하기가 어렵다. 다섯째로 기술이나 경영혁신에 중점을 두는 지역사회벤처도 사회적 기업으로 인정하므로 사회적 기업 관련 경영기법은 영리민간기업 수준으로 발전하리라 예상된다. 영국과의 차이를 비교하면 <표 4-1>과 같다.

〈표 4-1〉 영국과 미국의 유형 비교분석

국가	시작	성숙기	공통 유형	유형 차이
영국	민간형	3방향	민간형의 3가지	공공형·일자리 창출형 ○ 혼합형·서비스 제공형 ○
미국	민간형	1방향	민간형의 3가지	공공형·일자리 창출형 × 혼합형·서비스 제공형 ×

2. 한국의 경우

(1) 한국 유형의 특징

첫째로 영국, 미국과 동일하게 사회적 기업 시작형태는 민간형으로 나타나고 있다. 둘째로 중점활동은 영국, 미국과는 달리 일자리 창출형, 서비스 제공형 그리고 통합형 각각에서 동시에 전개되고 있는 독특한 형태를 보이고 있다. 그 이유는 외국은 연혁적으로 전개된 반면, 한국은 사회적 기업 신청 시의 인증요건에 기인한 것이기 때문이다. 셋째로 2009년 기준으로 민간형 중심이며, 공공형과 혼합형은 거의 찾아보기가 힘들다는 점이다.

넷째로 외국과는 달리 태동기에서도 혼합형·일자리 창출형, 혼합형·서비스 제공형, 혼합형·통합형으로 전개될 가능성이 높다. 가능성이 높은 이유는 정부와 지자체에서 향후 사회적 기업과의 연계를 통해 일자리 창출, 서비스 제공을 동시에 해결하려는 정책적인 의지가 엿보이기 때문이다. 특히 정부와 지자체가 재정지원을 하고, 사회적 기업이 일자리 창출형이나 서비스 제공형 또는 이들을 동시에 수행하는 활동이 증가하리라 예상되기 때문이다(노동부, 2008).

다섯째로 향후에도 공공형은 특히 제한적으로만 나타날 것으로 판단된다. 공공형은 정부나 지자체가 사회적 기업을 직접 관리하는 방식이기 때문에 관리운영상 문제점이 있고 또한 한국의 사회적 기업 정책도 사회적 기업 자체의 자율성 및 독립성을 강조하는 영미국가와 유사하기 때문이다.

여섯째로 사회적 기업은 향후에는 틈새시장이나 새로운 시장을 공략하는 방향으로 운영될 것으로 예측된다. 218개 기관에서 고용 인원이 총 6,565명이므로, 기관 평균 30명을 고용하고 있으므로 (2009년 2월 기준), 소규모 기업 수준이다. 따라서 다른 영리기업 과의 운영능력 차이를 극복하여 유지하려면 다른 영리기업이 진출 할 수 없는 매출액이 적은 틈새시장이나 새로운 시장(노인 레저산 업, 노인 웰빙산업 등)으로 접근하는 전략이 필요하다.

이 같은 특징에서 한국 사회적 기업에서의 일자리 창출, 서비스 제공, 통합형의 장점과 필요한 이유를 세분화하여 분석하면 다음과 같다. 첫째, 한국에서의 일자리 창출의 장점은 4가지로 볼 수 있다. ⅰ) 기업의 목적이 이윤 극대화가 아니므로 수익이 낮은 부분에서 도 창업할 수 있어 일자리 제공이 가능하다는 점이다. ⅱ) 사업의 초기 단계에서 기부나 자원봉사자를 활용하면 생산비용도 절약할 수 있어 일자리 유지가 쉽다. ⅲ) 사회적 기업에 일하는 근로자들 이 사회적인 목적을 인식하고 있으므로, 동일한 영업을 하는 일반 기업에 비해 낮은 임금을 지급하는 등 방식으로 전체적인 비용을 낮출 수 있어 일자리 유지가 쉽다는 점이다. ⅳ) 소비자의 욕구나 수요에 대해서 일반기업은 수익성을 판단하여 공급하거나 포기하 지만, 사회적 기업은 수익성을 불문하고 빠르게 재화나 서비스를 공급할 수 있다(Borzaga & Defourny, 2001: 359-60). 이는 모든 사회적 기업의 공통된 공헌이라고 볼 수 있다.

둘째, 서비스 제공이 필요한 이유는 현 사회문제를 해결하기 위 해서는 지역사회의 소규모 특정집단의 욕구를 인지하고 이를 지역 사회 내에서 해결할 수 있는 역량을 창출해야 하기 때문이다

(Borzaga & Defourny, 2001: 360‐1). 즉 사회적 배제를 해결하기 위하여 사회적 기업이 필요한 것과 마찬가지로, 지역사회에서 소규모 특정집단의 욕구를 해결하는 방안의 하나로 서비스 제공이 필요한 것이다.

셋째, 통합형이 필요한 이유는 사회서비스가 일자리 제공을 창출한다는 점, 사회의 소외집단에 사회서비스와 일자리를 동시에 제공해야 사회적이나 경제적인 통합을 시킬 수 있다는 점이다. 또한 통합형은 일자리와 서비스를 동시에 제공할 수 있으므로 더욱 발전할 가능성이 크고, 그 결과 지역사회 개발을 촉진시킨다는 이점도 있다(Borzaga & Defourny, 2001: 361).

그리고 통합형의 특징은 우선, 사회적 기업이 발전되어 그 규모가 큰 형태라는 점이다. 유럽과 미국의 경우에서도 많은 사회적 기업이 통합형으로 운영되고 있다. 그리고 이 모형에서는 서비스 분야도 소외집단에 사회서비스를 제공하는 단계를 벗어나, 환경이나 문화서비스 영역 등에까지 범위를 확장하고 있어(Borzaga & Defourny, 2001: 352), 한국 사회적 기업이 지향하고 있는 목적과 일치한다.

(2) 한국에서의 필요한 유형

① 잠재력 있는 예비 사회적 기업 고찰 필요성

한국은 외국과는 달리 사회적 기업의 역사가 짧아 필요한 일자리 창출이나 서비스 제공을 위해서는 단기간에 사회적 기업을 육성해야 하는 정책적인 필요가 있다. 그러므로 사회적 기업으로 육성이 가능한 '잠재력 있는 예비 사회적 기업'에 대한 현황파악과 인증 가능한 방안도 고려해야 한다고 판단된다.

앞에서 '예비 사회적 기업' 74개와 사회적 기업 218개의 현황을 살펴보았다. 여기에서는 예비 사회적 기업으로 전환이 가능한 '잠재력 있는 예비 사회적 기업'에 대하여 논의하고자 한다. '잠재력 있는 예비 사회적 기업'은 예비 사회적 기업으로 전환할 수 있는 전체 조직을 의미한다.

'잠재력 있는 예비 사회적 기업'을 파악하는 이유는 2가지로 볼 수 있다. 첫째로 향후 한국의 사회적 기업으로 전환이 가능한 숫자와 활동 분야를 전반적으로 예측할 수 있고, 사회적 기업으로 유도할 수 있는 초기 정책 지침 마련에 도움이 될 수 있기 때문이다.

따라서 본 연구에서는 '잠재력 있는 예비 사회적 기업'에서 '예비 사회적 기업'으로, 그 후 '사회적 기업'으로 연결시켜야 한다는 일련의 단계과정을 제시하고자 한다. 그러나 본 연구의 모형제시에서는 '잠재력 있는 예비 사회적 기업'은 이론적인 제시이므로, 실무단계인 '예비 사회적 기업'에 포함하여 고찰하기로 한다. 이론적으로 도식하면 <표 4-2>와 같다.

〈표 4-2〉 한국 예비 사회적 기업의 이론적 발전단계

1차 단계(연구단계)	→	2차 단계(실무단계)	→	3차 단계(법적 단계)
잠재력 있는 예비 사회적 기업	→	예비 사회적 기업	→	사회적 기업

둘째로는 '잠재력 있는 예비 사회적 기업'은 사회적 기업으로서 갖춰야 할 전반적인 사업운영 능력을 보유하고 있다는 점이다. 본 연구에서 살펴보려는 한국의 잠재적인 예비 사회적 기업의 종류로

는 농협, 수산업, 산림, 신용협동조합과 새마을금고 등으로서, 이들 기업은 이미 제품의 생산과 판매능력이 있을 뿐만 아니라 판매대상도 확보되어 있고 현재까지 조직을 유지시킨 관리능력도 있다. 그러므로 다른 조직보다도 예비 사회적 기업이나 사회적 기업으로 전환이 용이하다는 이점이 있다. 따라서 이들 기업이 새로운 영업활동을 개척하거나 기존영업의 일부를 사회적 기업으로 전환할 수 있다면, 사회적 기업의 수적 증가나 취약계층의 일자리 창출, 서비스 제공 효과는 지대하리라 예상된다. '잠재력 있는 예비 사회적 기업'의 실제적이고 세부적인 전환 가능성 여부는 뒤이어 설명한다.

② 사회적 기업으로 전환 가능성

따라서 '잠재력 있는 예비 사회적 기업'이 사회적 기업으로 전환할 가능성을 파악하기 위하여 영업 측면, 사업 분야 측면에서 살펴보기로 한다.

첫째로 영업 측면에서의 전환 가능성 여부를 위해 '잠재력 있는 예비 사회적 기업' 현황과 (예비)사회적 기업으로의 전환 가능성을 비교하기로 한다. 우선 본 연구에서는 '잠재력 있는 예비 사회적 기업'을 전통적인 기업과 새로운 기업으로 구분하여, 영업 측면에서의 전환 가능성을 보고자 한다. 우선 전통적 기업은 전술한 바와 같이 농협·수산업·산림·신용협동조합과 새마을금고, 민간단체이고, 새로운 기업은 소비자생활협동조합, 노동자협동조합 등이다 (엄형식, 2008: 201 - 19).

우선 전통적 기업 중 농협·수산업·산림·신용협동조합과 새마을금고의 현황을 보면, 단위조합 수가 4,259개, 총 조합원 수는

2,140만 명, 1년 사업성과(경제 부문)는 14조 4천억 원, 총 직원 수는 10만 명이다. 각각의 전통적 기업의 경영 현황을 세분화하면 <표 4-3>과 같다.

〈표 4-3〉 한국의 잠재력 있는 예비 사회적 기업(1): 3조직

구분	농협	수협	산림조합	소계	새마을 금고	신협	총계
단위조합 수(개) A	1,298	95	144	1,537	1,671	1,051	4,259
사업성과(경제부문) (단위: 억) B	95,795	46,180	1,558	143,533	–	–	143,533
조합원 수(천 명) C	2,386	171	500	3,057	13,733	4,610	21,400
직원 수(천 명) D	68	8	2	78	15	8	101
조합당 연매출 (B/A)	74억	486억	11억	93억	–	–	34억
조합당 직원 수 (D/A)	52명	84명	14명	51명	9명	8명	24명
조합당 조합원 수 (C/A)	1,800명	1,800명	3,470명	2,000명	8,200명	4,400명	5,000명
직원 1인당 연 매출금액 (B/D)	1억 4,000만	5억 8,000만	7,800만	1억 8,400만	–	–	1억 4,200만
조합원 1인당 연 기여금액 (B/C)	400만	2,700만	30만	470만	–	–	67만
기준 연도	2005	2004	2005		2003	2005	

자료: 엄형식, 2008: 136 수정인용. 숫자는 개괄적으로 표시함.

표에서 전통적 기업 중 사회적 기업에 의미 있는 조직은 경제부문에 사업이 있는 농협, 수협, 산림조합 등 3조직이다. 그 이유는 경제부문 사업이 바로 사회적 기업이 목표로 하는 시장이기 때문이다. 이하에서는 이 3조직을 중심으로 설명하고자 한다(소계 참조).

전통적 기업 중 3조직이 사회적 기업에 제시하는 의미는 다음과 같다. 먼저 조합당 연매출은 수협, 농협, 산림조합 순이고, 이들의

연 평균매출은 93억 원이다. 물론 이 금액을 향후 사회적 기업의 최대 연매출 목표로 제시하기에는 현재 사회적 기업의 판매능력으로 볼 때 무리가 있다. 그러나 연 평균매출 93억 원의 의미는 이 3조직이 사회적 기업을 운영할 경우에는 판매에서 충분한 잠재력이 있다는 증거이기도 하다.

다음으로 3조직의 조합당 종업원 수는 기관 평균으로는 51명이고, 수협, 농협, 산림조합 순서이다. 기관 평균 51명은 사회적 기업의 평균 30명(2009년 2월 기준)보다 높은 수치이므로, 사회적 기업에서 하나의 기준수치로 제시할 수 있다. 또한 3조직이 평균 51명으로 운영해 왔다는 점은 평균 30명으로 종업원을 운영하는 사회적 기업보다 직원 관리능력이 우월하다는 의미이기도 하다. 조합당 조합원 수는 기관매출에 대한 직간접적인 기여를 하는 조합원 수로서, 사회적 기업 입장에서 보면 조합원은 소비자에 해당된다고 볼 수 있다. 따라서 조합당 조합원 수가 평균 2,000명 수준이므로, 사회적 기업의 고객수준도 2,000명이 되어야 한다는 기준수치로 볼 수 있다.

그리고 3조직의 조합원 1인당 연 기여금액은 약 470만이므로, 이는 소비자 증가에 대한 사회적 기업의 매출을 간접적으로 추정할 수 있는 부분이다. 마지막으로 직원 1인당 연 매출금액도 1억 8,400만 원으로 높은 금액으로서, 사회적 기업의 최대 연매출 목표로 제시하기에는 어려우나 향후 하나의 참고수치로 활용할 부분이다.

따라서 전통적 기업 중 3조직에 대한 비교표의 의미는 이들 단체가 사회적 기업으로 새로운 영업활동을 개척하거나 기존영업의 일부를 사회적 기업으로 전환할 수 있는 능력을 잠재적으로 보유하고 있고, 사회적 기업으로 전환하는 경우 성공할 가능성이 높다는 점을 시사하고 있다는 점이다. 이 점이 바로 본 연구에서 농협, 수협, 산림조합을 잠재력 있는 예비 사회적 기업으로 살펴보는 이유이다.

앞에서는 잠재력 있는 예비 사회적 기업으로 전통적인 기업을 살펴보았다. 다음으로는 잠재력 있는 예비 사회적 기업으로 새로운 기업인 '생활협동조합(생협)'을 살펴보기로 한다. 생활협동조합(생협)은 '소비조합(consumer's cooperation)', '신용조합'이라고 부른다.

생활협동조합의 목적은 경제적 약자로서의 소비자들은 그들 스스로의 조직력에 의하여 지키자는 데 있다. 따라서 소비자는 이 조합을 기반으로 하여 생활의 안정·향상과 문화·교육의 충실을 도모하며, 구체적으로는 조합원의 생활필수품 매입·가공·배급, 생활을 위한 공동시설의 이용, 생활개선 교육, 문화향상사업 등을 운영한다. 그리고 소비조합도 이윤을 추구하지만 기업이 추구하는 상업적 이윤을 배제한다는 점이다. 여기서 생활협동조합과 사회적 기업과의 유사한 점이 있다. 즉 기업이 추구하는 상업적 이윤을 배제하여 조합원인 소비자의 복지를 지향한다는 점이다.

그리고 생활협동조합은 매년 발전 단계에 있고, 판매능력도 계속 증가하고 있다. 조합 수는 전국 연합회, 지역생협 연합회, 직능별 연합회와 미가입 단위조합을 포함하여 총 176개, 매출은 2,698억 원, 조합원 수는 33만 7천 명, 조합당 연매출은 15억 원, 조합원 1인당 연 기여금액은 80만 원으로 전통적 기업보다는 전체적으로 낮은 수준이다. 그러나 소비자 복지를 위한 활동 측면에서 자생적인 노력은 사회적 기업의 목적과 비슷하다고 할 수 있다. 여기서 조합당 연매출 15억 원은 사회적 기업도 달성 가능한 수치로서, 기준수치로 제시할 만하다<표 4 - 4>.

〈표 4-4〉한국의 잠재력 있는 예비 사회적 기업(2): 생협

조합 수 (A)	매출 (B)	조합원 수 (C)	조합당 연매출 (B/A)	조합당 조합원 수(C/A)	조합원 1인당 연 기여금액 (B/C)
176개	2,698억 원	337천 명	15억 원	2천 명	80만 원

자료: 엄형식, 2008: 212 수정인용. 숫자는 개괄적으로 표시함.
설명: 현황은 전국 연합회, 지역생협 연합회, 직능별 연합회와 미가입 단위조합을 포함한 수치임(2005년 12
　　월 기준).

　둘째로 사업 분야의 전환 가능성 비교를 하기로 한다. 여기에서
는 영업 측면 및 서비스 유형 기준으로 전통적인 기업과 사회적 기
업을 비교하기로 한다. 그 이유는 두 조직이 서로 영업 및 서비스
유형 측면에서 유사하다면, 전통적인 기업은 명칭만 다를 뿐 이미
사회적 기업과 비슷한 활동을 하고 있다는 결론이 도출될 수 있어,
잠재력 있는 예비 사회적 기업으로 부를 수 있기 때문이다. 또한
비슷한 활동을 수행하고 있으므로, 전통적인 기업은 사회적 기업으
로 전환이 훨씬 용이하리라는 판단 때문이다.

　두 조직을 서로 비교한 결과, 영업 측면에서는 거의 유사한 것으
로 나타났다. 특히 경제사업은 물자의 구입·제조·가공·공급 등
의 사업으로서, 재화와 서비스 생산·판매와 일치하고 있다. 반면,
서비스 유형에서는 사회적 기업이 전통적인 기업보다 넓은 범위이
다. 이 점은 전통적인 기업이 향후 사회적 기업으로 전환할 때에는,
보다 다양한 업종을 취사선택할 수 있다는 장점으로 작용하리라
판단된다. 자세한 부분은 <표 4 - 5> 참조.

구분		사회적 기업	농협협동조합	수산업협동조합	산림조합
관련 근거		육성법 제2조	농업협동조합법 제57조	수산업협동조합법 제60조	산림조합법 제46조
영업 활동		재화, 서비스 생산·판매	경제사업, 위탁사업, 농협의 사업으로 규정하는 사업, 부대사업, 장관 승인 사업	경제사업, 운송사업, 어업통신사업, 위탁하거나 보조하는 사업, 공동사업 및 업무의 대리, 수협의 사업으로 정하는 사업, 관련된 대외무역, 부대사업, 장관 승인사업	경제사업, 위탁사업, 조합의 사업으로 규정하는 사업, 부대사업, 청장 승인사업
서 비 스 종 류	1. 교육	교육·지원사업	교육·지원사업	교육·지원사업
	2. 보건			
	3. 사회복지	공제사업 복지후생사업	공제사업 후생복지사업	공제사업 복지후생사업
	4. 환경			
	5. 문화			
	6. 보육			
	7. 예술·관광 및 운동			
	8. 산림 보전 및 관리			산림경영사업
	9. 간병 및 가사 지원			
	10. 기타 서비스	신용사업, 교류·협력사업	신용사업, 교류·협력사업, 차관사업	신용사업, 임업자금 등의 관리·운용과 자체자금조성 및 운용, 교류·협력사업

(3) 조직종류의 세부유형

① 2가지 세부유형

본 연구에서는 조직종류를 공공형, 민간형, 혼합형으로 구분하였다. 그러나 현실적인 업무진행은 각 사회적 기업 단계와 업무형태에 따라 다르게 나타나기 마련이다. 즉 공공형, 민간형, 혼합형이라도 사회적 기업 상호간 또는 민간기업과 연계할 수도 있고, 지역사회와 연계할 수도 있다. 따라서 공공형, 민간형, 혼합형인 경우 사회적 기업 단계별 연계방식을 세부유형으로 정리하여 하나의 방안으로 제안하고자 한다. 사회적 기업 단계는 예비 사회적 기업과 사회적 기업의 2단계로 살펴보기로 한다.

② 예비 사회적 기업의 경우

이 형은 '예비 사회적 기업'과 '잠재력 있는 예비 사회적 기업'을 포함하는 의미로 사용하기로 한다. 이렇게 2가지 의미로 살펴봐야 하는 이유는 정책적으로 접근하는 방식이 달라야 하기 때문이다. '잠재력 있는 예비 사회적 기업'에 대해서는 사회적 기업의 취지와 목적, 지원사항 등을 홍보하여 적극적으로 사회적 기업으로 전환하려는 의지를 고취시켜야 한다. 또한 '예비 사회적 기업'에 대해서는 기업별로 부족한 부분을 파악한 후 중점적으로 경영 및 기술지도를 거쳐 사회적 기업으로 전환시켜야 하기 때문이다.

따라서 예비 사회적 기업형의 세부적인 3가지 사업모형으로는 사회적 일자리 창출사업에서 활용하고 있는 '기업연계형', '지역연계형', '모델발굴형'을 제안하고자 한다(노동부, 2008: 27).

먼저 '기업연계형'이란 비영리단체 - 민간기업 - 지역사회가 적절하게 역할을 분담하여 사회적 일자리를 창출하는 사업으로, 기업의 다양한 자원(현금, 현물, 전문성 등)을 활용하여 자립을 지향하는 모델을 의미한다.

그리고 '지역연계형'은 '기업연계형'과는 달리 지자체 - 대학 - 연

구소 - 공공기관 - 다른 비영리단체 등 지역사회 내 다양한 자원과
의 결합을 통하여 사회적 일자리를 창출하고 자립을 지향하는 모
델이다.

또한 '모델발굴형'은 새로운 사업모델을 발굴하여 인큐베이팅하
는 초창기 사회적 일자리 창출사업으로, 기업 지역사회 등과의 연
계나 수익창출구조는 다소 미흡하나, 향후 기업 또는 지역 연계형
으로 전환이 가능한 사업모델을 말한다.[42]

이를 세부적으로 살펴보면 다음과 같다.[43] 첫째 '기업연계형'은
예비 사회적 기업과 민간기업 그리고 지역사회가 인적·물적 자원
의 출연과 역할을 분담하는 형태이다. 예를 들어 지역사회는 제품
등을 구매하고, 민간기업은 경영과 판매전략 및 방법을 제시하고,
예비 사회적 기업이 영업활동을 하는 것이다.

'기업연계형' 모형의 장점은 예비 사회적 기업의 입장에서 볼 때
지역사회가 구매를 지원하므로 재정이 안정될 수 있고 또한 민간
기업이 경험적으로 판매효과가 검증된 마케팅 기법을 전수하므로
판매를 위한 마케팅 능력의 배가를 꾀할 수 있다는 점이다. 따라서
이 모형의 특징은 예비 사회적 기업이 사회적 기업으로 전환할 수
있는 최적의 조건을 구비하고 있다고 볼 수 있다. 특히 사회적 일
자리 사업 중에서도 기업연계형 모델이 성과가 있다는 점은 확인
이 되었다(노동부, 2008: 1). '기업연계형'의 세부적인 업무 협력체
계는 <그림 4 - 1>과 같다.

---

42) http://www.socialenterprise.or.kr/
43) 3가지 사업모형은 노동부 사회적 기업 http://www.socialenterprise.or.kr/에서 제시된 유
    형을 기초로 하여 작성하였다.

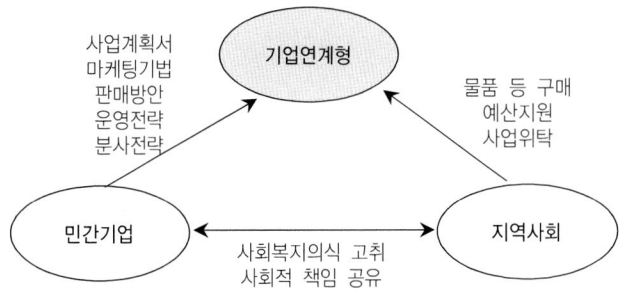

<그림 4-1> 기업연계형의 업무 협력체계

둘째로 '지역연계형'은 예비 사회적 기업이 지역사회 내의 다양한 주체와 협력을 통하여 조직을 운영하는 형태이다. 즉 예비 사회적 기업에 대해 지자체-대학-연구소-공공기관-다른 비영리단체 등이 지원하는 형태이다. 예를 들면 지자체는 예산을 지원하고, 대학은 예비 사회적 기업가의 교육, 연구소는 판매할 제품과 시장성을 파악, 공공기관과 비영리단체 등은 제품의 우선구매를 하는 것이다.

'지역연계형'의 장점은 지역사회의 성격에 적합한 예비 사회적 기업을 운영할 수 있고, 예비 사회적 기업에 대한 지역사회의 통합을 통하여 사회복지에 대한 인식을 제고할 수 있다는 점이다. '지역연계형'의 세부적인 업무 협력체계는 <그림 4-2>와 같다.

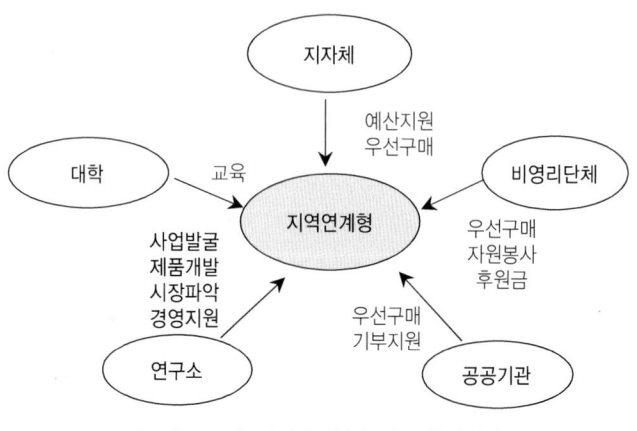

〈그림 4-2〉 지역연계형의 업무 협력체계

　셋째로 '모델발굴형'은 새로운 사업모델을 발굴하여 육성하는 예비 사회적 기업을 말한다. 모델발굴형의 의의는 사회변화에 따라 새로운 상품이나 다양한 서비스를 제공한다는 것으로, 복지마케팅 **4Ps** 중 상품개발에 해당된다고 볼 수 있다. 예를 들어 새로운 상품은 노인을 위한 신개념의 건강보조식품, 면역강화를 위한 건강보조식품, 질병예방을 위한 건강예비식품 등을 들 수 있다. 다양한 서비스로는 다문화 가족 전체를 위한 결혼 및 가족생활 서비스, 다문화 가족 중 국가별 결혼 및 가족생활 서비스, 외국인근로자에 대한 맞춤 상담, 맞벌이 부부에 대하여 지역별로 세분화·차별화된 아동보육 및 방과 후 교실 운영 등이 있다.

　'모델발굴형'의 장점은 사회변화에 따른 새로운 상품이나 다양한 서비스를 민간조직에서 개발한다는 점이다. 그러나 수익을 창출하기에는 미흡하다는 점 그리고 반드시 국가나 지자체 등의 지원이 필요하다는 단점도 있다. 그러므로 거시적인 관점에서 향후 기업연계형이나 지역연계형으로 전환이 가능하도록 지원하여야 한다.

③ 사회적 기업의 경우

사회적 기업의 경우에는 기업 간의 '네트워크형'이 중요하다는 점은 외국의 사례에서 입증되고 있다. 이와 같이 '네트워크형'이 필요한 이유는 3가지로 볼 수 있다. 첫째로 이론적 관점에서 학자 등은 사회적 기업이 정부 또는 여러 조직과의 연계를 하여 영업활동을 수행해야 효과가 있다는 주장을 제시하고 있다. 즉 사회적 기업에서 네트워크 방식의 활동을 주장하는 학자도 있고(Defourny, Jacques & Solari Luca, 2001: 336 - 337), 사회적 기업의 성장을 위해서는 시장부문과 공공기구 간의 협력이 필요하다는 의견도 대두되고 있다(OECD, 1999: 7, OECD 대표부, 2006: 25).

둘째로 제도적인 측면에서 많은 국가들이 사회적 기업에서 네트워크 방식을 주장하고 있다. 예를 들면, 영국은 사회적 기업의 성공을 위하여 사회적 기업과 정부 간의 협력 지원이 필요하다는 정책을 고수하고 있다(UK DTI c, 2007: 49 - 61). 한국정부도 정책적으로 사회적 기업에 대하여 지원네트워크 구축의 필요성을 제시하고 있다(노동부, 2008: 31 - 2).

셋째로 연혁적인 관점에서 사회적 기업이 발전하고 있는 나라에서는, 사회적 기업이 다른 사회적 기업과의 그룹 형성이나 정보 및 혁신교환에 있어서 특별한 능력을 보이고 있다는 점을 들고 있다(Borzaga & Defourny, 2001: 364). 즉 실무적으로 사회적 기업 간의 네트워킹이 뛰어난 국가에서 사회적 기업이 발전하고 있다는 사실은, 한국에서도 네트워킹형이 도입되어야 할 필요성을 입증하고 있는 자료인 것이다.

따라서 사회적 기업의 네트워크형의 형태는 2가지로서, 사회적 기업이 서로 업무활동을 연계하는 '사회적 기업 상호간 네트워크형'과 사회적 기업과 타 조직 간에 서로의 영업 등 업무활동을 연계하는 '사회적 기업과 타 조직 간 네트워크형'이 있다. 또한 세부 활동 측면으로는 '사회적 기업 상호간 네트워크형'은 사회적 기업 간에 업종별 네트워크와 지역별 네트워크, 전국 네트워크를 구성하는 것이다. 반면, '사회적 기업과 타 조직 간 네트워크형'은 사회적 기업과 지원조직과의 업무지원 관계 또는 사회적 기업과 타 조직 간의 영업 등 업무활동을 연계하는 것을 말한다.

이상으로 설명한 '네트워크형'의 이념 체계도를 도식하면 <그림 4 - 3>과 같다.

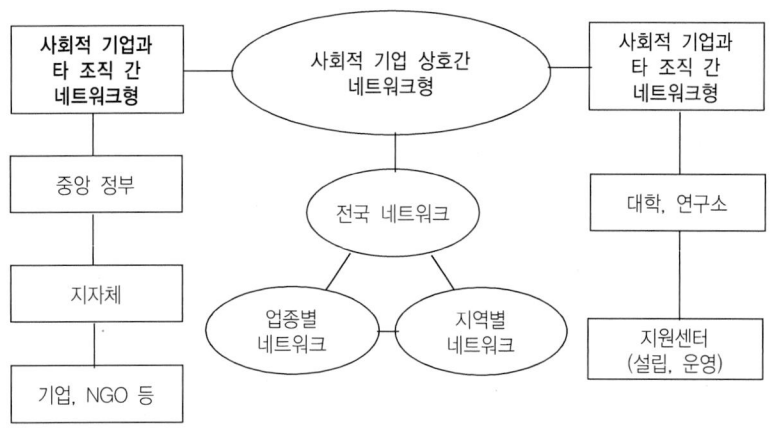

자료: 노동부, 2008: 32 수정 재구성.

〈그림 4-3〉 한국 '네트워크형' 사회적 기업의 체계도

이 중에서 한국에서 현실적으로 적용할 수 있는 '사회적 기업과 타 조직 간 네트워크형'이 중요한 만큼 세부적으로 어떠한 모형인지 고찰할 필요가 있다. 4가지로 살펴보기로 한다.

첫째 모형은 사회적 기업-민간기업 연계형을 들 수 있다.[44) 이는 사회적 기업이 일반기업의 사회공헌 프로그램과 연계하거나 재정 및 경영지원을 받는 모델로서, 비즈니스 파트너십으로 연결된 형태이다. 이 경우에는 사회적 기업이 독자적으로 우월한 프로그램이나 활동을 하고 있거나, 사회적 기업과 일반기업의 사회적 책임이 서로 공유된 경우, 일반기업의 하부조직으로 사회적 기업이 설립된 경우 등에서 나타난다.

사회적 기업과 일반기업의 사회적 책임이 서로 공유된 경우로는 공익연계마케팅(Cause-Related Marketing)으로서, 일반기업은 상품과 서비스의 판매 촉진을 도모하고 사회적 기업은 판매대금의 일부를 받는 것이다. 그 예로는 아메리칸익스프레스사와 셰어 아워 스트렝스가 캠페인을 벌여 기아구제프로그램에 기부한 예가 있다.

둘째 모형은 사회적 기업-지자체 연계형이 있다. 이 모형은 사회적 기업이 지자체의 자활지원 프로그램에서 장기 저리로 대출을 받아 초기 설비비용을 조달하여 사회적 기업으로 발전하는 형태이다. 이 경우는 지자체가 사회적 기업에 지역사회에 장기적으로 또는 시급하게 필요한 서비스나 용역을 제공하도록 의뢰하는 경우에 나타난다. 그 예로는 자활공동체가 지자체 지원으로 사회적 기업으로 설립한 경우가 있다.

셋째 모형은 사회적 기업 주도-지자체-기업 연계형을 들 수

---

44) 이 부분의 모형은 노동부 a, 2007: 65-8과 정선희, 2004: 15-8 모형을 참고하였음.

있다. 지자체는 토지나 자본 등을 제공하고, 기업은 경영과 기술, 마케팅 기법을 지원하며, 사회적 기업이 주도적으로 사업을 하는 형태이다. 사회적 기업이 독자적인 제품기술이 있는 경우에 전개되는 경우로, 그 예로는 노동부의 일자리 사업을 통하여 친환경 사업 등을 추진하는 경우를 들 수 있다.

넷째 모형은 지자체주도-사회적 기업 협력형이다. 이는 지자체와 사회적 기업이 함께 협력하는 경우로, 지자체가 사업비를 부담하고 사회적 기업이 영업을 하는 형태이다. 이 경우는 사업내용이 지자체가 필요로 하는 사업이지만 사회적 기업이 초기 단계인 경우에 나타난다. 따라서 지자체의 사회적 기업에 대한 초기 육성방안으로 볼 수 있다.

따라서 한국에서 사회적 기업의 전개과정을 고찰해 볼 때, '사회적 기업 상호간 네트워크형'은 당연히 필요하고, 여기에 '사회적 기업과 타 조직 간 네트워크형'을 추가로 구축한다면, '네트워크형' 사회적 기업의 사업능력은 더욱 배가되리라 생각된다.

(4) 중점활동의 발전단계

외국의 중점활동을 보면 처음에는 일자리 제공에서 시작하여 그 후 서비스 제공으로 그리고 마지막으로는 일자리와 서비스 제공의 통합형태로 진행되고 있다. 반면 한국 사회적 기업의 중점활동에 대한 방안 제시는 없는 편이다. 따라서 여기에서는 실무적인 측면에서 한국 사회적 기업의 중점활동 순서를 5단계로 제안하고자 한다.

먼저 첫 번째 단계로 예비 사회적 기업 단계를 제안한다. 예비 사회적 기업은 사회적 기업의 전 단계로, 사회문제를 해결하기 위하여 정책적으로 사회적 기업을 빠르게 육성할 필요성이 있기 때문에, 정책적인 지원이나 고려는 사회적 기업으로 보다 빨리 전환할 수 있는 사회적 기업의 전(前) 단계부터 당연히 시작되어야 한다는 필요성은 전술하였다. 정부도 노동부 사회적 일자리 창출사업을 예비 사회적 기업 발굴·육성을 위한 경로로 활용하는 '예비 사회적 기업 육성시스템'을 구축하여 시행하고 있다.

두 번째에서 네 번째 단계로는 일자리 창출과 서비스 제공, 통합형을 제안한다. 이는 외국의 사회적 기업의 순서와 동일하다. 다섯 번째 단계로는 네트워크형을 제안한다. 네트워크형의 중요성도 전술하였다. 부연할 점은 이 순서는 하나의 이념형으로 제시한다는 것일 뿐, 현실적으로는 사회적 기업의 상황에 따라 변경이 가능하다는 점이다.

한국에서 이 같은 단계가 필요한 이유는 한국 상황에 적합하고 효과적인 발전단계로 제시할 수 있다는 점, 한국 사회적 기업가에게 설득력 있는 이념적인 발전단계로 제공하여 사회적 기업 창업을 유도하는 지침으로 활용할 수 있다는 점 등이다. 따라서 한국 사회적 기업 유형 중에서 중점활동의 단계를 '예비 사회적 기업형', '일자리 중심형', '서비스 중심형', '통합형', '네트워크형'의 순서로 제안한다. 이를 모두 도식화하면 <그림 4-4>와 같다.

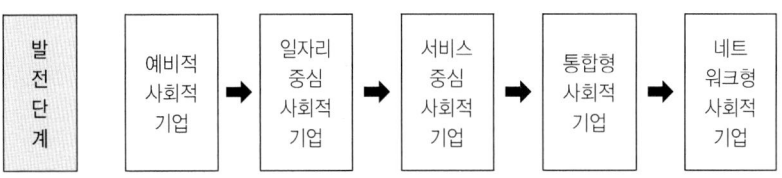

〈그림 4-4〉 한국 사회적 기업의 발전단계

제5장

나오면서

　본서는 고용 불안과 양극화를 해결하기 위한 하나의 대안으로 한국 사회적 기업의 모형과 운영모델 정립을 연구대상으로 하였다. 이러한 연구의 배경은 4가지로서, 첫째, 외국에서는 수십 년 동안 사회적 기업이 유지되어 순기능적인 역할을 하고 있는 점, 둘째, 외국에서는 사회적 기업의 고용창출 효과가 크게 나타나고 있는 점, 셋째, 국가별 사회적 기업의 고용유지 효과도 큰 점, 넷째, 국가별로 사회적 기업 관련 지원법이 제정되어 사회적 기업을 육성하고 있다는 현황을 들 수 있다.

　이러한 배경을 토대로 한국 사회적 기업과 관련하여 3가지 문제를 제기하고, 이들을 연구목적으로 설정하였다. 첫째, 사회복지 분야와 사회적 기업과의 관련성 유무, 둘째, 사회적 기업의 발전단계 비교, 셋째, 사회적 기업의 유형 비교이다.

이 같은 문제를 연구 고찰한 결과, 사회적 기업에 대한 다음과 같은 결론을 도출할 수 있었다.

첫째로 이론적인 고찰에서 사회적 기업이 추구하는 목적이 사회복지의 협의나 광의 개념 또는 양자를 포함하는 활동과 밀접한 관계가 있는 것으로 입증되었다. 실천적인 고찰에서도 사회적 기업가에는 사회복지학 출신과 사회복지 경력자가 우위를 점하고 있어, 사회복지에서도 사회적 기업의 방향과 수준을 연구할 필요성이 존재한다고 판단되었다. 그리고 유럽과 미국의 사회적 기업은 사회복지의 협의와 광의 개념을 실천하고 있는 것으로 나타났다.

둘째로 발전단계 비교에서는 조직생애주기 이론을 채택하여 사회적 기업을 태동기, 성장기, 성숙기, 쇠퇴기의 4단계로 구분하고, 태동기는 1970년 후반~1990년 초반으로, 성장기는 1990년 중반~1990년 후반으로, 성숙기는 2000년 초반~현재로 구분하였다.

그 결과 영국과 미국은 태동기, 성장기, 성숙기로 진행되고 있으나, 한국은 태동기로 파악되었다. 먼저 영국은 태동기, 성장기, 성숙기로 연결되는 정상적 발전단계를 거치고 있음이 확인되었다. 그 이유는 정책수립 측면, 정책시행 측면, 탄생목적 측면, 발전방향 측면이 원인임을 파악하였다. 이에 비하여 미국은 민간형 범위에서만 태동기, 성장기, 성숙기로 발전되는 특수한 발전단계로 진행되고 있음을 알 수 있었다. 한국도 민간형 위주로 일자리 창출과 서비스 제공 그리고 통합형이 동시에 진행되고 있어 미국과 동일하게 특수한 발전단계를 보이고 있다. 그리고 가장 활성화될 국가는 영국으로, 경영기법은 미국이 가장 선두에 위치하리라 예상하였다.

셋째로 사회적 기업 유형 비교는 조직의 종류와 중점활동을 요인으로 하여 분류하였다. 조직의 종류는 공공형, 민간형, 혼합형으로 분류하였고 중점활동은 일자리 창출형, 서비스 제공형, 통합형으로 유형을 분류하였다.

그 결과 영국은 정상적인 유형으로 나타났다. 즉 조직의 종류가 공공형, 민간형, 혼합형으로 고르게 발전하고 있으며, 중점활동도 일자리 창출과 서비스 제공 그리고 통합형으로 모두 활동하고 있다. 그러나 공공형의 일자리 창출과 혼합형의 서비스 제공은 보다 낮은 수준이다.

반면 미국은 처음부터 민간형 위주로 구성되어 있으며, 중점활동은 일자리 창출과 서비스 제공 그리고 통합형으로 모두 활동하고 있다. 따라서 미국의 유형은 특수한 유형으로 파악되었다.

한국도 초기부터 민간형 위주로 일자리 창출과 서비스 제공 그리고 통합형이 동시에 진행되고 있는 특수한 유형으로 파악되었다. 그리고 한국은 단기간에 사회적 기업을 육성해야 하는 정책적인 필요가 있으므로 사회적 기업으로 육성이 가능한 '잠재력 있는 예비 사회적 기업'에 대한 현황도 고찰하였다. 그 결과 영업 측면과 사업 분야 측면에서 사회적 기업으로 전환 가능성이 높은 것으로 파악되었다.

전반적으로 외국의 경우는 사회적 기업이 사회문제를 해결하려는 역사적인 필요성에 의하여 장기간 운영되었기 때문에 안정적인 운영과 지역사회에 이바지하고 있다. 반면 한국은 외국 사회적 기업을 도입한 초기인 만큼 현실적으로 일자리 창출 및 유지 그리고 안정적인 운영과 발전, 사회복지 이념의 추구, 지역사회에 대한 기여 등 문제를 동시에 해결해야 하는 어려운 문제를 안고 있다.

또한 외국은 비교적 장기간 사회적 기업이 운영되어 왔기 때문에 일자리 중심에서 서비스 중심으로 그리고 서비스 중심에서 통합형으로 발전하는 단계를 보이고 있다. 그러나 한국은 시행 초기인 만큼 외국과 같은 발전단계는 보이지 않고 있으며, 정책적으로 사회적 기업을 육성하기 위하여 예비 사회적 기업을 사회적 기업으로 전환하려는 의지가 강한 점이 특징이다.

또한 사회적 기업 유형에서 공공형, 민간형, 혼합형인 경우 실무적으로 적용할 수 있는 사회적 기업 단계별 연계방식을 세부유형으로 정리하여 하나의 방안으로 제안하였다. 즉 예비 사회적 기업의 세부유형으로는 '기업연계형', '지역연계형', '모델발굴형' 등 3가지 사업모형을 제안하였다. 또한 네트워크형 사회적 기업의 경우에는 '사회적 기업 상호간 네트워크형'과 '사회적 기업과 타 조직간 네트워크형'을 제안하였다.

그리고 본서에서 연구한 한국 사회적 기업에 대한 함의는 2가지 차원에서 설명할 수 있다. 하나는 사회복지 차원에서의 의미이고 또 하나는 사회복지정책 차원에서의 의미이다.

먼저 사회복지 차원에서의 한국 사회적 기업에 대한 함의를 보기로 한다. 첫째로 본 연구를 통하여 사회적 기업이 사회복지 분야에서 연구할 필요성이 있다는 점이 입증되었다. 이는 사회적 기업의 사회적 목적과 사회복지 협의·광의 개념이 거의 일치하고 있다는 점에서 증명이 되고 있다. 즉 사회복지 분야와 사회적 기업의 추구하는 목적이 거의 일치하고 있다는 점이다.

사회적 기업은 사회적 목적을 가진 기업으로서, 이러한 사회적 목적은 '사회적 소외와 실업에 혁신적인 해결책을 제시하는 것',

'구성원이나 지역사회에 공헌하는 것', '사회의 불공평과 사회적 배제와 같은 문제를 극복하려는 것', '고용창출' 등으로 표현되고 있다. 따라서 사회적 기업의 사회적 목적은 사회복지의 협의와 광의 개념을 모두 포함한다고 볼 수 있다. 이는 사회복지 측면에서 사회적 기업을 고찰해야 할 당위성과 타당성을 제공하는 것이고, 본서의 시발점이 된 부분이다.

둘째로 사회복지 분야에서 사회적 기업의 실용성이 검증되었다. 이는 사회적 기업의 활동주체의 일부가 사회복지조직이라는 점 그리고 사회적 기업의 운영자가 사회복지학 전공자이거나 경력자라는 사실 또한 사회적 기업의 활동 분야가 사회복지 분야인 점에서도 알 수 있다. 셋째로 사회적 기업이 사회복지 분야에서도 취약계층의 일자리를 창출·유지할 수 있는 대안이라는 점을 명시하고 있다는 점이다.

다음으로 사회복지정책 차원에서의 한국 사회적 기업에 대한 함의를 보기로 한다. 첫째로 본 연구에서 도출한 발전단계 모형에서 한국은 태동기라는 점과, 외국의 성장기 및 성숙기의 특징을 고찰함으로써 한국에서도 향후 어떠한 사건이 발생하는지를 예측할 수 있게 되었다. 또한 발전순서를 도식화하고 단계별로 특징을 설명한 점은 정책수립가나 실무입안자에게 정책방향을 제시함과 동시에 사회적 기업의 이정표를 확립하였다는 의미가 있다.

둘째로 외국 사회적 기업의 유형 비교를 통하여 한국 사회적 기업의 향후 유형을 예측할 수 있다는 점이다. 이는 한국 사회적 기업의 시작유형이 특수한 유형이나, 정책의 방향이나 지원에 따라 영국과 같은 정상적인 유형으로 발전할 수 있음을 암시하는 것이다.

본서는 한국에서 긴급하고도 중대한 사회문제인 일자리 창출과 유지 및 사회서비스 제공을 해결하기 위하여 한국 사회적 기업의 발전단계 모형과 유형 수준을 정립하기 위한 것이다. 또한 외국 각국의 정책과 사회적 기업의 사례, 장단점을 고찰하여 한국 사회적 기업에 필요한 지침을 제시하기 위한 목적도 있다.

그러나 수십 년 동안 사회적 기업이 유지된 외국과는 달리 한국 사회적 기업은 초창기 단계이므로, 본 연구는 시간의 진행에 따라 나타나는 각 모형의 문제점과 장단점, 일반기업에 대한 사회적 기업의 특징 등을 실증적인 측면에서 세부적인 수치로 밝힐 수 없다는 한계가 있다. 이러한 한계는 외부적인 제한, 즉 초창기 단계인 사회적 기업에 대한 지속적인 정책이 필요하나 시일이 필요하다는 점과 내부적인 한계, 즉 사회적 기업 자체도 자신에게 맞는 형태와 운영을 갖추지 못한 이유에서 비롯된다고 본다.

따라서 이러한 외부적인 제한이나 내부적인 한계는 시일이 지나면 해결될 수 있는 부분이라고 생각되므로, 이를 향후에 필요한 실증적인 연구과제로 제안하고자 한다. 이를 세분화하여 언급하면 다음과 같다.

첫째, 한국에 있어서 일자리 창출, 서비스 제공, 통합형 중에서 어느 모형이 가장 성공적인 모형인가를 규명해야 한다. 이를 위하여 판단기준을 정립하기 위해서 각각의 세부적이고 객관적인 평가기준과 수치를 도입해야 한다.

둘째, 한국 사회적 기업 진행과정에 있어서 각 유형의 성공과 실패원인에 대한 환류조사가 필요하다. 성공원인에 대해서는 정책적으로 계속 지원을 하고 지속적으로 홍보를 해야 하고, 실패원인을 규명하는 것은 실패에 대한 사전대비와 시행착오를 줄이는 정책적 효과가 있기 때문이다.

셋째, 지역별 대표적인 사회적 기업 유형과 특성을 파악하는 것도 중요하다. 이는 지역별 사회적 기업 현황 파악과 지역적인 관점에서 각 지역의 사회적 기업의 특징을 정확히 파악하는 것이다. 그 이유는 각 지역의 환경에 따라 사회적 기업의 운영방식이 달라질 수 있으므로, 지역적으로 다른 정책적인 배려가 필요하기 때문이다.

넷째, 잠재력 있는 예비 사회적 기업에 대한 심도 있는 조사가 필요하다. 본 연구는 '예비 사회적 기업'과 '잠재력 있는 예비 사회적 기업'을 '예비 사회적 기업'형으로 포함하였으나, 향후에는 '잠재력 있는 예비 사회적 기업'과 '예비 사회적 기업'을 정확히 구별하여 각각의 실태를 조사하여야 한다. 이는 사회적 기업의 미래를 예상할 수 있는 자료로 판단된다.

다섯째, 사회적 기업으로 전환 시의 문제점과 근본적인 애로사항을 심도 있게 조사하여야 한다. 이를 위해 지역별로 전환 가능한 조직을 선별하여, 설문지를 통한 양적 조사와 직접 면담을 통한 질적 조사를 병행하는 방법도 있다.

여섯째, 각 유형의 효율성을 파악하는 것도 중요하다고 생각된다. 즉 어느 유형이 정책적으로 가장 효율적인 모형인가를 규명해야 한다. 효율성 파악 기준으로 지원비용-편익분석, 지원비용-종업원 1인당 매출증가 등의 기준을 사용할 수 있다.

일곱째, 한국에서는 유형 중 중점활동이 어떻게 발전되는지를 고찰할 필요가 있다. 즉 외국은 일자리 창출에서 서비스 제공으로 그리고 서비스 제공에서 통합형으로 발전하는 단계를 보이고 있으나 한국은 향후 어떠한 단계로 발전되는지를 연구할 필요가 있다.

여덟째, 한국에서 태동기, 성장기, 성숙기를 법과 제도의 변화, 상황변화의 특징 등으로 구분하여 비교해야 한다. 성장기와 성숙기는 한국에서 아직 도래하지 않은 단계이기 때문이다.

아홉째, 사회적 기업 유형 중 중점활동의 기준에 의거하여 한국 실정에 맞는 중점활동의 단계를 정확히 제시하는 것도 필요하다고 생각된다. 즉 일자리 창출, 서비스 제공, 통합형, 예비 사회적 기업 단계, 네트워크형의 상호간 순서이다.

참고문헌

Ⅰ. 국내 문헌

관계부처합동(2007). 사회서비스 일자리 보고회.

국정브리핑(2007). 사회서비스 좋은 일자리 창출전략 – 사회서비스 일자리 확대……성장·복지 일거양득.

국회예산정책처(2006. 12). 일자리지원사업 평가.

기획예산처, 숭실대학교(2006. 12). 사회적 기업 재원조달 방안 수립 및 외국사례 연구.

김경휘, 반정호(2006). 한국 상황에서의 사회적 기업의 개념과 유형에 관한 소고. **노동정책연구**, 제6권 제4호, 41 – 47.

김명희(2008. 6). 영국의 사회적 기업 사례 연구와 한국에의 정책적 함의. **사회복지정책**, 33집, 135 – 158.

김안나 외(2008). 사회통합을 위한 사회적 배제계층 지원방안 연구. **한국보건사회연구원.**
(http://kihasa.re.kr/html/jsp/ebook/2008/2008_10/index.html)

김인수(2002). **거시조직이론.** 서울: 무역경영사.

김정원(2009). **사회적 기업이란 무엇인가.** 서울: 아르케.

남세진, 최성재(2003). **사회복지조사방법론.** 서울: 서울대학교 출판부.

노대명(2006). 자활지원제도의 개편방향과 추진전략. 한국보건사회연구원 편, **2006 자활법 공청회자료집.**

노대명(2008). 한국의 사회적 기업과 사회서비스. **보건복지포럼**, 74 – 76.

노동부 a(2007. 12). 사회적 기업 활성화를 위한 고용지원센터와 지방자치단체간의 바람직한 역할 방안.

(http://www.molab.go.kr/view.jspcate = 3&sec = 2&mode = view&smenu
    = 4&bbs_cd = 106&state = A&seq = 1201071274805)
노동부 b(2007. 6). 사회적 기업 제도에 대한 이해. 서울: 노동부.
노동부(2008). 사회적 기업 육성 기본계획(2008 - 2012).
노동부(2009). '07, '08 사회적 기업 개요집.
백종만 외 6인(2006). 사회와 복지. 서울: 나눔의집.
보건복지가족부 a(2008. 12). 자활사업에 성과급 도입된다(보도자료).
보건복지가족부 b(2008. 12). 자활사업안내.
보건복지가족부 사회서비스관리센터(2007. 12). 사회서비스 활성화를
    위한 제도적 방안연구.
보건사회연구원(2005. 8). 사회적 일자리(기업)의 가치평가 및 국민경제
    적 파급효과 분석. 보건사회연구, 25권 1호, 90, 94.
빈곤퇴치연구포럼(2008. 11). 빈곤아동·청소년을 위한 통합적 지원체
    계의 모색. 빈곤퇴치연구포럼(편), 빈곤퇴치연구포럼 창립토론회
    자료집.
사회적 기업연구원(2009). 2008 사회적 기업에 대한 일반인 대상 인식
    조사 분석. 사회적 기업 9, 25 - 28.
사회투자지원재단a(2009). 사회투자정책 활성화를 위한 유럽사회기금
    비교연구: 영국, 프랑스, 이탈리아를 중심으로. 서울: 사회투자
    지원재단.
사회투자지원재단 b(2009. 1). 해외 사회적 기업 법제도 현황. 서울: 사
    회투자지원재단.
사회투자지원재단 c(2009. 1). 유럽사회기금 성공스토리. 서울: 사회투
    자지원재단.
심창학(2007. 6). 사회적 기업의 개념 정의 및 범위 설정에 관한 연구:

유럽의 사회적 기업을 중심으로. **사회보장연구**, 제23권 제2호, 70 - 79.

엄형식(2008). **한국의 사회적 경제와 사회적 기업**. 서울: 도서출판 실업 극복국민재단.

OECD 대표부(2006). OECD 국가의 사회적 기업과 시사점. (http://rise.or.kr/RBS/Fn/CommBoard/View.php?RBIdx = Ver1_54&Page = 2&Idx = 42).

유병선(2008). **보노보 혁명(제4섹터, 사회적 기업가의 아름다운 반란)**. 서울: 부키.

이익섭, 이윤로(2007). **사회복지 조사방법의 이해**. 서울: 학지사.

이원재(2008). **혁신중시형 사회적 기업의 발견**. 서울: 실업극복재단 함 께일하는사회 정책연구원 편.

이화주(2008. 08. 29). 비영리기관 · 시민단체 출신의 40대가 표준형. 한겨레. (http://www.hani.co.kr/arti/economy/heri_review/307346.html)

이현숙(2008. 08. 29). '사업 성과' 고민 속에 교육 · 연수 욕구 높아. **한겨레.** (http://www.hani.co.kr/arti/economy/heri_review/307343.ht ml)

임혁백 외(2007). **사회적 경제와 사회적 기업**. 서울: 송정.

장지원(2007). 주요국의 행정제도 동향조사 - 영국의정부조직. **한국행정 연구원 논문집.**

장원봉(2005). 사회적 경제(Social Economy)의 대안적 개념구성에 관한 연구: 유럽과 한국의 사례를 중심으로. 한국학중앙연구원 한국학 대학원 박사학위논문.

(재)실업극복국민재단 함께일하는사회(2008). 2007년도 노동부 사회적

일자리 창출사업 연구보고서. **실업극복국민재단 함께일하는사회 연구보고서.**

(재)실업극복국민재단 함께일하는사회(2008.5). **사회적 기업 인증 입문교실.** 서울: 실업극복국민재단 함께일하는사회.

전경련(2009). 기업 사회공헌활동에 대한 국민인식 조사. **전경련 보고서.**

정선희(2004). **사회적 기업.** 서울: 다우출판사.

정영호 외(2006. 8). 사회적 일자리 비용편익분석: 간병사업을 중심으로. **사회보장연구, 22권 3호, 124 - 125.**

조영복(2007). **사회적 기업 육성을 위한 중장기 정책 방향.** 부산: 도서 출판 해석.

조영복a(2008). **사회적 기업의 이해와 국내외 경영사례.** 서울: 노동부.

조영복b(2008. 8). 사회적 기업 인증결과와 과제. **전남대학교 사회적 기업 학술 심포지엄 자료집.**

최우성(2008. 08. 29). '시장' + '가치' 두 날개로 자본주의를 혁신한다. **한겨레.** (http://www.hani.co.kr/arti/economy/heri_review/307342.html)

최종태 외(2008). **사회적 기업, 새로운세계: 미국 사회적 기업을 중심으로.** 서울: (재)실업극복국민재단 함께일하는사회 정책연구원.

통계청(2008. 10). 2008 고령자 통계.

한국노동연구원(2003). 사회적 일자리 창출방안 연구. **한국노동연구원 보고서, 93 - 4.**

한국은행(2008). 사회복지서비스업의 현황과 정책방향.

한상진 외(2005). **사회적 기업, 어떻게 만들 것인가.** 서울: 실업극복국민재단 함께일하는사회.

홍석빈(2009. 5). 사회적 기업의 지속 성장 가능성. **LG Business Insight 1039호, 41 - 50.**

II. 외국 문헌

Aiken, Mike(2006). 영국의 사회적 기업. 『국제노동브리프』, Vol.4, No.6, 한국노동연구원.

Alter, Sutia Kim(2004). *Social Enterprise Typology,* Virtue Ventures LLC.

Borzaga, Carlo & Defourny, Jacques(2001). Conclusions: Social Enterprise in Europe: a diversity of initiatives and prospects. *The emergence of Social Enterprise.* London & New York: Routledge.

Borzaga, Carlo & Solari, Luca(2001). Management Challenges for Social Enterprise. *The emergence of Social Enterprise.* London & New York: Routledge.

Borzaga, Carlo & Santuari, Alceste(2001). Italy: From traditional co-operatives to innovative social enterprises. *The emergence of Social Enterprise.* London & New York: Routledge.

CIRIEC(2007). The Social Economy in The European Union. The European Economic and Social Committee(EESC).

Defourny, Jacques(2001). Introduction: From third sector to Social Enterprise. *The emergence of Social Enterprise.* London & New York: Routledge.

Defourny, Jacques(2006). 확장된 유럽에서의 사회적 기업: 개념과 현실. 국제노동브리프, Vol.4, No.6, 한국노동연구원.

Defourny, Jacques & Solari Luca(2001). Management challenges for social enterprise. *The emergence of Social Enterprise*. London & New York: Routledge.

Doherty, Bob; Foster, George; Mason, Chris; Meehan, John; Meehan, Karon; Rotheroe, Neil; Royce, Maureen(2009). *Management for Social Enterprise*. London: SAGE Publications.

Evers, Adalbert(2001). The significance of social capital in the multiple goal and resource structure of social enterprises. *The emergence of Social Enterprise*. London & New York: Routledge.

Evers, Adalbert & Laville Jean‒Louis(2008). 세계화 시대의 새로운 복지(*The Third sector in europe*)(자활정보센터 역). 서울: 나눔의집.

Evers, Adalbert & Schulze‒Bőnig, Matthias(2001). Germany: Social enterprise and transitional employment. *The emergence of Social Enterprise*. London & New York: Routledge.

Gilbert N & Terrell P(2007). 사회복지정책론(*Dimensions Of Social Welfare Policy*)(남찬섭·유태균 역). 서울: 나눔의집.

Laville, Jean‒Louis(2001). France: Social enterprises developing proximity services. *The emergence of Social Enterprise*. London & New York: Routledge.

Leichsenring, Kai(2001). Austria: Social enterprises and new childcare services. *The emergence of Social Enterprise*. London & New York: Routledge.

Loss, Monica(2006. 6). Italia의 사회적 기업, 『국제노동브리프』, Vol.4, No.6, 한국노동연구원: 31‒38.

Mason, J(1999). 질적 연구방법론(*Qualitative researching*)(김두섭 역). 서울: 나남.

OECD(1999). Social Enterprise

Pättiniemi, Pekka(2001). Labour co‒operatives as an innovative response to unemployment. *The emergence of Social Enterprise.* London & New York: Routledge.

Rubin, A. & Babbie, E(1998). 사회복지조사방법론(*Research methods for social work)(*성숙진 외 역). 서울: 나남.

Salamon, Lester M(2000). NPO란 무엇인가(*America's Nonprofit Sector: A Primer*)(이형진 역). 서울: 아르케.

Sherman, Edmund & Reid, William J(2004). 사회복지 질적 연구방법의 이론과 활용(*Qualitative research in social work)(*유태균 외 역). 서울: 나남.

Spear, Roger(2001). UK: A wide range of Social Enterprise. *The emergence of Social Enterprise.* London & New York: Routledge.

Stryjan, Yohanan(2001). Sweden: The emergence of work‒integration social enterprises. *The emergence of Social Enterprise.* London & New York: Routledge.

UK DT a(2007). 사회적 기업: 성공을 위한 전략(*Social Enterprise: a strategy for success*)(조영복 · 곽선화 역). 부산: 사회적 기업연구원.

UK DTI b(2007). 사회적 기업 진행보고서: 성공을 위한 전략(*A progress report on Social Enterprise: a strategy for success)(*조영복 · 곽선화 역). 부산: 사회적 기업연구원.

UK DTI c(2007. 12). 영국의 사회적 기업 육성계획(*Social Enterprise*

Action Plan)(사회적 기업연구원 역). 부산: 사회적 기업연구원.

Vidal, Isabel(2001). Social enterprise as a response to unemployment policy failure. *The emergence of Social Enterprise.* London & New York: Routledge.

Young, Denis R. & Steinberg, Richard(2008) 비영리경제학 – 비영리경영을 위한 경제학 교과서(*Economics for nonprofit managers*)(이형진 외 역) 서울: 아르케.

Yunus, Muhammad(2008). 가난 없는 세상을 위하여(사회적 기업과 자본주의의 미래)(*Creating a world without poverty)(*김태훈 역) 서울: 물푸레.

사이트 등

사회적 기업, http://www.socialenterprise.or.kr/

아시아 경제, 09. 7. 6. http://www.asiae.co.kr/news/view.htm?idxno = 2009070611575220253&nvr = y.

한국경제, 09. 8. 28. http://www.hankyung.com/news/app/newsview.php?aid = 2009031298461.

찾아보기

김봉화

▌약 력

　상명대학교 대학원 사회복지학 석사
　상명대학교 대학원 행정학 박사(사회복지 전공)
　한영신학대학교 아동복지학과 교수

김재호

▌약 력

　사회복지학 박사
　사회복지통계 & 컨설팅연구소 대표
　장안대학교 사회복지과 겸임교수
　건국대학교 미래지식교육원 지도교수

세계 사회적 기업의
현황과 전략

초판발행 ｜ 2010년 6월 3일
중　　쇄 ｜ 2012년 12월 1일

지 은 이 ｜ 김봉화 김재호
펴 낸 이 ｜ 채종준
펴 낸 곳 ｜ 한국학술정보㈜
주　　소 ｜ 경기도 파주시 교하읍 문발리 파주출판문화정보산업단지 513-5
전　　화 ｜ 031) 908-3181(대표)
팩　　스 ｜ 031) 908-3189
홈페이지 ｜ http://ebook.kstudy.com
E-mail ｜ 출판사업부　publish@kstudy.com
등　　록 ｜ 제일산-115호(2000. 6. 19)

ISBN　978-89-268-1056-9 93330 (Paper Book)
　　　　978-89-268-1057-6 98330 (e-Book)